全媒体时代下大学英语智慧教育研究

李少伟 李款 著

延边大学出版社

图书在版编目（CIP）数据

全媒体时代下大学英语智慧教育研究 / 李少伟，李款著. -- 延吉：延边大学出版社，2020.12
ISBN 978-7-230-00321-6

Ⅰ.①全… Ⅱ.①李… ②李… Ⅲ.①英语－教学研究－高等学校 Ⅳ.①H319.3

中国版本图书馆 CIP 数据核字(2020)第 241351 号

全媒体时代下大学英语智慧教育研究

著　　者：	李少伟　李　款
责任编辑：	金钢铁
封面设计：	延大兴业
出版发行：	延边大学出版社
社　　址：	吉林省延吉市公园路 977 号　　邮　编：133002
网　　址：	http://www.ydcbs.com　　E-mail：ydcbs@ydcbs.com
电　　话：	0433-2732435　　传　真：0433-2732434
制　　作：	山东延大兴业文化传媒有限责任公司
印　　刷：	延边延大兴业数码印务有限责任公司
开　　本：	787×1092　1/16
印　　张：	14.75
字　　数：	220 千字
版　　次：	2022 年 3 月 第 1 版
印　　次：	2022 年 3 月 第 1 次印刷
书　　号：	ISBN 978-7-230-00321-6

定价：56.00 元

作者简介

李少伟，河北临漳人，1996年毕业于河北师范大学，硕士研究生，现任河北政法职业学院英语专业副教授，国际交流系专职教师。

李款，河北辛集人，2003年毕业于河北师范大学，硕士研究生，现任河北政法职业学院国际交流系专职教师，讲师。

前　言

　　基于互联网技术的全媒体时代带来了更丰富、更开放的多媒体资源，大学生们已不再青睐于借助传统媒介形态进行社交和学习，而是更倾向于选择新媒介终端，如智能手机、平板电脑等。信息技术推动下的智慧教育成为信息时代全球教育改革的"方向标"，智慧教学是基于信息化、全球化和协同创新与知识融合的全新教学模式。

　　鉴于此，笔者撰写了《全媒体时代下大学英语智慧教育研究》一书。本书针对全媒体时代下大学英语智慧教育的问题，尝试总结出全媒体时代下大学英语智慧教育的创新路径，这对探索和引导全媒体时代下大学英语智慧教育提供了正确的途径和方法，对进一步加强大学英语智慧教育理念的研究具有重要的理论意义和现实意义。

　　笔者在撰写本书的过程中，借鉴了许多前人的研究成果，在此表示衷心的感谢！

　　由于全媒体时代下大学英语智慧教育涉及的范畴比较广，需要探索的层面比较深，笔者在撰写的过程中难免会存在一定的不足，对一些相关问题的研究不透彻，提出的全媒体时代下大学英语智慧教育提升路径也有一定的局限性，恳请前辈、同行以及广大读者指正。

目 录

第一章 英语教育信息技术研究 1

第一节 信息技术下大学英语教学有效性研究 1

第二节 英语教学与教育信息化融合的对策 4

第三节 信息技术推动英语教育改革的理论研究 8

第四节 信息技术环境下大学英语口语教学探析 12

第五节 信息技术环境下英语口译教学设计 18

第六节 信息技术的教育技术学专业英语教学 23

第七节 教育信息技术与英语课堂教学 27

第二章 英语信息化教学研究 33

第一节 教育信息化背景下的高校英语教学现状与对策 33

第二节 利用信息技术促进英语高效教学创新研究 41

第三节 网络信息技术与高校英语写作教学 45

第四节 教育信息技术下,以"互联网+"助推高校英语教学改革 50

第五节 信息技术与教育深度融合观下的英语公共演讲教学 53

第三章 大学英语教学理论研究 59

第一节 慕课与大学英语教学 59

第二节 翻转课堂与大学英语教学 62

第三节 ESP 与大学英语教学 67

第四节　大学英语教学信息化的"协合"构建 …………………… 70

第五节　微课与大学英语教学 …………………………………… 81

第六节　基于需求分析的大学英语课程教学 …………………… 84

第七节　全人教育理念下的大学英语教学 ……………………… 91

第八节　形成性评价与大学英语教学 …………………………… 94

第四章　多媒体时代下大学英语教学研究 …………………………… 99

第一节　英语教学中多媒体的运用模式 ………………………… 99

第二节　基于新媒体资源的大学英语碎片化学习 …………… 104

第三节　基于多媒体的大学英语自主学习模式 ……………… 109

第四节　建构主义视角下的英语多媒体网络教学 …………… 113

第五节　基于SBI的新型多媒体大学英语口语教学 ………… 117

第六节　双重代码理论下的多媒体大学英语教学 …………… 122

第七节　电子档案袋应用于多媒体大学英语教学 …………… 128

第八节　基于课堂与网络的多媒体大学英语教学模式 ……… 134

第九节　图式理论与多媒体大学英语听说教学 ……………… 140

第五章　大学英语智慧教育研究 …………………………………… 145

第一节　智慧测试与大学英语个性化教学 …………………… 145

第二节　智慧教学设计的基础理论与教学设计 ……………… 155

第三节　泛在生态学习的大学英语智慧学习 ………………… 159

第四节　智慧教学系统研究 …………………………………… 162

第五节　大学专门用途英语智慧课堂及教学 ………………… 165

第六节　基于需求分析的大学英语智慧课堂及教学 ………… 170

第七节　全球化 3.0 时代的大学英语听力智慧教学 174

第六章　大学英语智慧教育模式构建与教师能力培养 181
　　第一节　互联网+智慧教学——大学英语教学创新路径 181
　　第二节　智慧教学背景下大学英语教师信息化能力的培养 187
　　第三节　"智慧学习"取向下的大学英语学习环境构建 192
　　第四节　构建核心素养视角下的大学英语智慧教育 205

第七章　全媒体时代大学英语智慧教学的具体应用 209
　　第一节　全媒体时代英语新闻标题主位结构翻译 209
　　第二节　基于全媒体实践的新闻专业双语课程体系 213

参考文献 221

第一章　英语教育信息技术研究

第一节　信息技术下大学英语教学有效性研究

在信息技术传输快，更新知识便捷的现代化信息时代当中，群众的时代意识正在全面提升，信息素养也在逐步提升。在这样的环境背景下，大学英语日常授课的形式要进行全面的改革，与时俱进。其中，要将传统教学的思维方式进行更新，全面应用现代化的信息技术，为学生的学习营造良好的环境空间。

一、基于信息技术的大学英语教学意义

在大学英语的日常授课当中，可将信息技术结合到日常的教学工作中，使其能够辅助教师教学，并帮助学生提升学习效果，使其成为促进学生学习的工具。教学中，要突出教师的主导作用以及学生的主体地位，全面实现合作探究、自主学习的教学形式，改变传统的授课方式，使信息技术能够对学生的英语素养以及学习能力产生作用，有益于学生树立创新精神、提升实践能力等。

二、大学英语教学存在的主要问题

（一）教学模式单一

结合当前的教学情况进行分析，在大学的日常授课中还存在一些问题亟待解决，其中存在的最主要的问题之一便是教学模式过于单一。在开展教学活动的过程中，普遍应用的授课形式为讲授法。教师结合学生需要学习的内容指导学生学习，课堂的主体是教师，学生只能在教师的安排下被动学习，很容易失去学习的兴趣，阻碍了学生的进步。

（二）缺乏对学生英语思维的培养

在大学阶段的学生，已经具备了一定的学习能力和英语基础，所以为了进一步提升学生的学习效果，不能只是简单地对学生传授知识，还要注重对学生的学习思维进行培养，帮助他们更好地学习英语知识。所以，在日常授课的过程中，教师不要只是单纯地抛出知识，还要设置一些研究性的问题，促进学生思维能力的提升。此外，针对当前的英语课堂进行分析后发现，很多教师在授课的过程中并没有注重对学生思维能力的培养，阻碍了学生主观能力的有效提升。

三、教育信息技术下大学英语教学的措施

（一）更新教学观念

在日常授课的过程中，在信息技术的全面应用下，要更新传统的教学思想，这是实施创新改革工作的基础要求，也是保障高效课堂的基础。对现代化教学理念的应用，不但能提升教学的有效性，还能使教学工作稳定

发展。所以，在日常教学中，对于信息技术的融合，要将教师的指导作用发挥出来，突出学生的主导地位，并最大程度地丰富教学的内容。例如，在学习动名词成分时，教师可以利用多媒体技术，以动画以及图片的形式帮助学生复习知识点，其中可以结合图片列举例子，如动名词作定语，说明被修饰名词的用途时，可以举出 a washing machine=a machine for washing, a living room=a room for living, a dining table=a table for dining, reading materials=materials for reading 等逐步引导学生分析。

（二）建设网络平台

在信息技术的背景下，教师要构建现代化的网络信息平台，为学生的学习提供更加丰富的资料，方便学生的学习，促进教学活动的开展。例如，利用信息技术搭建教学平台，可以在平台当中上传微课的视频，学生在课堂学习之前能够利用平台当中的视频预习知识，并在平台当中利用教师提供的资料学习。如果在学习的过程中遇到难点或者自己不懂的问题，可以在平台与教师和其他学生进行讨论。此外，利用信息技术学习，学生可以随时随地利用手机查看视频，不会受到时间和空间的限制。同时，学生如果遇到不懂的难题，还可以翻阅资料进行探究等，培养了学生自主思考的能力。

（三）注重教学资源的建设

利用信息化的教学模式，要确保基础设备的健全，以便保障教学活动能够有序开展。在大学的日常授课当中，对于教学设施的建设，是保障教学的基础前提。所以，各个大学院校要提升对基础设施的建设，投入资金和人力等，将教学的软件和硬件进行更新。其一，在硬件设备建设的过程中，要提升计算机的数量，并提高多媒体教室的建设质量，最大限度地满足学生的要求；其二，提到软件的建设，由于当前的大学英语通用资源较少，软件的通用性也比较差，所以要提升软件的建设力度，以便更好地在授课的过程中应用信息技术。

总之，信息技术与大学英语的融合，能使学生学习的效率翻倍提升，更新了传统的授课思想，活跃了教学课堂，提升了学生的学习兴趣，并对学生的思维能力进行了培养。因此，对于信息技术的应用，教师还要深入探究，以便开展的课堂活动能够更好地符合学生的学习需求，建立现代化的英语课堂。

第二节　英语教学与教育信息化融合的对策

教育信息化是教育现代化的重要内容和主要标志，它必将推动教育教学改革驶入快车道。在教学中，教育信息化就是要全面地应用现代信息技术，深入开发、广泛利用信息资源，用现代化的教学方式，提高教学的质量和效果。英语作为一门语言学科，教育信息化的建设，可以对其教育教学进一步优化，使其更加有效。那么，如何将英语教学与教育信息化相融合，提高英语教学有效性呢？

一、借力教育信息化，激发学习兴趣

英语学习要面对繁难的语法和海量的词汇，不少学生都有畏难情绪，这就需要教师积极调动学生学习英语的兴趣。当前的英语教材内容生动有

趣，教学难易程度很有弹性，而教育信息化建设又具备现代化的教学设施和先进的教学软件，如希沃白板、畅言教学通等。教师可以利用这些软硬件，突破以往教学内容单一化呈现的方式，在英语教学中恰当穿插图、声、文等信息，使教学的内容——画面生动形象、声音优美、文字清晰，将远的拉近、虚的变实、抽象的变具体，将文本转换成鲜活的图形、图像、视频或者动画，提高教学内容的表现力和趣味性，丰富课堂上学生的活动，从而激发学生学习英语的兴趣，提升学生学习的积极性和主动性，使英语课堂更开放，使教学效果更明显。

二、借力教育信息化，创设学习情境

提升语言学习成果最好的方式就是前往该国家进行生活和学习，即进入情境当中去感知体会。成功的英语课堂教学就是一种情境的创设，它促使教与学双方始终处于"活化状态"。教育信息化的建设，使英语教学中情境的创设更加容易达到预期的效果。多媒体课件具有集声音、图像、文字、动画于一体的功能，教师可以利用它创设问题情境，通过情境的创设激发学生积极地参与到英语教学的互动当中。丰富多样的网络音像视频和影视片段有着真实性更强、更为逼真的效果，教师可以利用它创设生活情境，让学生置身其中去体会、去交流、去思考、去发现。鲜活的教学情境，能充分刺激学生的感觉器官，使课堂教学更加富有张力、更有活力，从而提高英语语言的综合运用能力，提升学生的学习效率和学习质量。

三、借力教育信息化，优化教学手段

教育信息化的建设，使英语教学摆脱了时空的限制，使教学活动有了更加广阔的创新空间。先进的教学设备可以帮助教师加快课堂节奏，加大教学密度，节省大量的板书时间，做到精讲多练，为学生提供更多的语言实践机会。教学的方式也更加灵活，教师可以通过无声播放、配音播放、画面定格等方式，有针对性地对学生启发、引导、点拨、提问，促进学生积极主动地参与教学过程，对核心内容、关键点进行重点回放、反复演练，使教学重点和难点得到有力的强化和突破。教育信息化的建设，给学生提供了丰富的教学信息资源，如网络上微课、优课等大量优秀的课程资源，教师可以根据学生实际选取合适的课例，让学生进行网络学习，对英语课堂教学进行必要的补充和延伸，使学生博采众长而为我所用。

四、借力教育信息化，提升练习效果

从某种意义上说，英语交际的能力不是"教"会的，而是"练"会的。英语课是通过语言实践活动掌握用英语进行交际的技能课。英语教师依托教育信息化的优势，可以大大提升听、说、读、写的效果。听力训练中，教师可以占有较多的网络资源，不用考虑下载，可以在线播放，在播放过程中可以暂停、加速、回放，简化了磁带落后的操作。对于一些测试题目，教师可以反复播放，从而加强学生的理解和记忆。对于检测和随堂练习，教师要尽可以挑选最好的资源，即使是纸质版的，也可以直接投影，在白板上教师还可以勾画重点、补充批注，学生可以直接解答操练，同时在核对答案时，用超级链接把答案联系起来，按下按钮就可以核对答案，这样会节省出更多的时间，提高课堂练习效率，使教学资源更加贴切、更加个性地服务于课堂。教育心理学研究表明，人们都是通过多种感官感知事物的，视觉获得知识率占83%，听觉占13%，还有3.5%来自嗅觉，1.5%来自触觉；如果几种感官同时参与记忆活动，会明显地提高记忆力。而教育信息化在英语教学练习过程中，正好可以发挥刺激视觉和听觉的优势，大大提高了英语学习的效果。

五、借力教育信息化，开阔学生眼界

中外文化的交流是未来发展的必然趋势，但是跨语言学习难度较大，而学生见识有限，在英语教学中教师应帮助学生了解西方英语国家文化，尤其是一些风俗习惯、交际特色等，让学生从"语言是源于生产生活"的高度去定位英语学习，只有这样才能真正学好英语。教育信息化为这一需求搭建了一个良好的平台，随着资源的日渐丰富，学生可以在教师的指导下通过网络领略不同地域的风土人情，在开阔学生视野的同时，也丰富了学生对语言文化内涵的认识，提高了学生对英语的理解能力。例如，通过观看两个美国人打电话的视频，学生便可以了解西方国家打电话的习惯；给出一组对比Flash动画，学生便可以鲜明地看出中英赠送礼物和接受礼物的不同；透过圣诞节的影视作品，学生便可以了解西方的节日文化。

第三节　信息技术推动英语教育改革的理论研究

现代教育技术一直伴随着教育教学的发展和变革，它改变了学生学习的内容，促进了教学模式和学习方式的变革，为创新思维能力的培养提供了有效途径。2010年7月29日，中共中央、国务院印发了《国家中长期教育改革和发展规划纲要（2010—2020年）》（以下简称《纲要》），《纲要》首次提出："信息技术对教育发展具有革命性影响，必须予以高度重视。"2012年3月30日，教育部印发了《教育信息化十年发展规划（2011—2020年）》，提出"以教育信息化带动教育现代化""以优质教育资源和信息化学习环境建设为基础，以学习方式和教育模式创新为核心"。

纵观现代英语教育发展史，英语教育的发展也始终没有离开现代教育技术的革新。20世纪80年代计算机辅助语言教学（Computer Assisted Language Learning，缩写为CALL）盛行一时；翻转课堂曾被加拿大《环球邮报》评为"2011年影响课堂教学的重大技术变革"；2012年被《纽约时报》命名为"慕课（Massive Open Online Course，缩写为MOOC）元年"；美国麦格鲁教授提出的60秒课程以及英国纳皮尔大学提出的一分钟演讲的微课（micro-lecture，micro-course，micro-teaching，micro-lesson）近年来变得越来越流行。

现代教育技术日新月异。在这样的时代背景下，作为英语教师，我们究竟应该如何充分利用现代教育技术，来促进英语教育的改革和创新？笔者有以下几点建议：

一、与时俱进，革新技术

首先教师应该明确何为"互联网+教育"。"互联网+教育"即智慧教育。智慧教育是指教育信息化发展的高级形态和最新愿景，是在教育领域全面深入地运用物联网、大数据、移动通信等现代信息技术来促进教育改革与发展的过程，是未来教育的常态，包括智慧教学、智慧校园、智慧课堂、智慧生活、智慧设施、智慧图书馆等。

其次教师应该思考如何运用信息技术为教学"升级"，教师要"+"点什么。笔者认为"互联网+"时代，教师要"+"点包容、创新、个性、用户思维和数据思维，要以开放心态重新审视英语教育，追求教育创新，将自己的个性融入课堂，以学生为中心，从大数据中规划英语教育，处理教学中出现的新问题。离开现代教育技术，教学将寸步难行。

二、顺势而为，改变观念

全球化、信息化和互联网时代，给人的自由发展提供了新的契机。各类在线学习网站使得知识的生产、传播和获取发生了巨大变革。基于网络的非正式学习、自主交互的社会化学习、打破时空限制的移动学习正在成为现实。传统的应试教育模式正在被历史所抛弃。信息技术，尤其是互联网和移动设备的深度广泛应用，大大改变了既有的教学模式和学习方式，英语教育从以教师为中心转向以学生为中心，从知识传授为主的教学模式转向能力和素质培养为主的教学模式，从单一的课堂学习为主转向多种学习方式并行。作为英语教师，首先必须改变观念，正如杜克大学本科教育院长斯蒂夫·诺维奇所说:"在没有互联网的 90 年代,你还可以一个人撑起一门课,你就是这间教室唯一的老大,但互联网普及了,你还在课堂里传播知识点,简直落伍到外星球了!"我们需要通过互联网技术改革传统教学,改善教育的普及性,大幅度提高教育效率,扩大教育范围;同时,通过教育技术创新促进教育的个性化发展,走向以学生为中心、以培养创造力为中心的教育。互联网不仅是一种技术,更应当成为教师的一种文化。教师要将互联网本身的自主性、开放性、互动性、服务至上、公众参与、信息公开、资源共享等特点和价值观融入英语教育和日常教学活动之中,从而真正改变英语教育。

三、善用技术,提高效率

笔者认为,聪明的教师善于运用互联网来补充新的语言素材、图片或视频,将这些内容有机地融入教材,使课程充满生机和活力。在信息技术发达的今天,教师在教学中要善于运用各种搜索引擎、在线图书、知识分享工具、学习工具、电子设备和终端、视频课程、虚拟课堂等。

比如,常用的搜索引擎有谷歌、百度、维基百科等;桌面词典有巴比伦、灵格斯词霸、有道词典、金山词霸等。教师可以借助这些词典来查阅近义词、专业术语、词源以及进行网络释义等。利用这些网络工具,教师可以极大地丰富英语教学的内容,发掘更多的英语教学资源,使课堂产生意想不到的教学效果。

四、身体力行，循序渐进

最值得教师学习的当属孟加拉裔美国人萨尔曼·可汗。比尔·盖茨认为，"他是一个先锋，他借助技术手段，帮助大众获取知识、认清自己的位置，这简直引领了一场革命！"萨尔曼·可汗创立了可汗学院，通过在线图书馆收藏了3500多部教学视频，向世界各地的人们提供免费的高品质教育。其主旨在于利用网络影片进行免费授课。

教师可以从录制一堂微课做起。"微课"是指按照新课程标准及教学实践要求，以视频为主要载体，记录教师在课堂内外教育教学过程中围绕某个知识点（重点、难点或疑点）或教学环节而开展的教与学活动的全过程，一般为5～10分钟的视频片段。见微知著，小课堂大教学，教师要关注学生的每一个细微变化，从小处着手，创建一个真正属于学生自己的课堂。实践证明，微课能在教学中发挥很大的引导作用。在微课教学中，学生是"主角"，教师成为"导演"，教师负责课堂活动的设计、呈现方式的创新。借助信息技术，教学可以从微课这个点拓展到翻转课堂这条线，最终到慕课这个面，从简单的内容重塑，发展到教学方式的改变，提升到教育模式的创新。

五、为我所用，共同进步

在"互联网+"时代，教师要以学习者的身份去教，转变观念，从"输送知识"到"代入教学"，以此来提高学生自我管理和自主学习的能力，提升教师的教育教学水平，以便取得更好的教学效果。当然，在运用现代教育技术的过程中，要注意发挥教师和学生的主体性和积极性，要让信息技术和互联网为我所用，而不是变成信息技术和互联网的"奴隶"，掉进大数据的海洋，本末倒置，忘记教书育人的首要任务，此外，还要避免唯技术论的极端行为。

周华、冒晓飞撰写的《基于词块理论的英语翻转写作训练》一文整合了词块理论和翻转课堂的理念，展示了围绕话题跨单元整合词块、制作微视频的写作教学。周雪晴撰写的《微课，促进初高中英语衔接教学》一文从微课的定义、特点以及英语学科的特点探讨了微课用于初高中英语衔接教学的可行性。王明霞结合教师网络研修，提出通过网络培训，借助网络资源，促进英语教师的专业成长。这四篇文章均属于将现代教育技术恰当地运用于英语教学实践的有益尝试，希望对广大的英语教师有所启发，有所裨益。

第四节　信息技术环境下大学英语口语教学探析

在全球化的背景下，英语口语交流能力越来越受到关注，而我国大学生普遍存在"哑巴英语"的现状，提高大学生的英语口语表达能力已成为当务之急。本节基于大学生英语口语的现状，从教学模式、语言环境等七个方面分析了"哑巴英语"产生的原因，对信息技术环境下大学英语口语教学提出了建议。

一、大学生英语口语的现状及其原因分析

（一）大学生英语口语的现状

随着社会的发展、教学设施的改善和人们对英语的重视，我国大学生的英语口语水平有所提高。但是在国际交流日益频繁的今天，大学生英语口语水平普遍没有达到社会和用人单位的要求，能够熟练地利用英语进行交流的大学生更是凤毛麟角。

以雅思考试为例，我国考生的平均分连续处在全球垫底的位置，陷入低分困局。另外，来自麦肯锡全球研究院资深董事 Diana Farrell 和麦肯锡中国分公司资深董事高安德（Andrew Grant）的报告《应对中国隐现的人才短缺》表明"只有百分之十的中国大学生符合跨国公司的要求"，而口语水平差是跨国公司拒绝录取求职者的主要原因。同样，中国社会研究院（CSPRA）的研究结果指出了英语口语障碍是目前大学生就业、升职所面临的最主要的问题。虽然很多学生在大学期间能通过英语四六级考试，但却不能应对复杂的交流状况。有的甚至不敢开口说英语，造成"哑巴英语"的现状，着实令人惋惜。大学毕业后，对很多学生来说，做到"表达思想基本清楚"仍然有很大难度。

（二）大学生英语口语现状的原因分析

1.教学方式单一

目前高校常采用的英语方式还是放原音，学生跟读，即便大部分高等院校都配备了多媒体设备，但是却没有在英语课上得到充分利用，教学方式比较单一。

2.受传统教学方式的影响

目前国内大多还是实行"以教师为中心"的模式。在为数不多的口语课上，教师总是着重讲解课文、传授语法等。一堂课即便教师一句话也不讲，每个学生练习口语的时间也只有一分钟。

3.缺乏口语交流环境

从语言学角度来看，以儿童为例，儿童的语言习得能力取决于两个重要因素：一是儿童所接触的环境；二是儿童开始学习语言的年龄。和英国儿童相比，我国大学生的词汇量和语法知识都比他们扎实，但是他们的口语水平却比我国大学生高出许多。因为在我国缺乏用英语交流的氛围，并且大部分学生是从中学才开始接触英语，已经过了学习语言的关键时期，即便再努力地学习，也很难达到母语水平，尤其在发音方面。

4.心理障碍

不犯错误是学不会语言的，很多学生不敢用英语进行交流的原因之一就是怕出丑，担心自己会因不标准的发音、贫乏的词汇量、错误的语法等而受到他人的嘲笑，不愿开口说英语。

5.母语思维模式和中西方文化差异带来的影响

由于母语思维模式已经深深地影响了我们，很多学生在说英语前，总是习惯性地先把要说的话用中文组织好，再翻译成英文，这种思维模式很容易造成不符合规范的中国式英语的产生，并且中西方文化的差异更带来了很多影响。

6.学生基础薄弱

非英语专业的学生基础相对薄弱,有时会出现想说却说不出来、不知如何表达的状况。很多学生一旦通过四六级考试,便感觉万事大吉,便把英语抛到一边,更别提提升英语口语水平了。

7.应试教育对英语口语的不良影响

从学校来讲,由于应试教育的影响,学校为追求升学率而把英语教学的重心放在了语法、句型、写作等方面,偏废了口语的教学,学生的笔试分数成为衡量教师和学生的唯一尺度和标准。在大部分高校,大学英语被分为两个部分:精读和听说。精读占总学时的60%以上,而听说部分也主要是完成听力的练习,学生很少有机会说英语。从学生方面来讲,在应试教育的大环境下,虽然学生大都能意识到口语的重要性,但迫于考试的压力,学生更关心的是能否升学,能否拿到四、六级证书,所以花了大精力在考试规定的内容上,而没有刻意地去训练自己的口语。调查显示,100%的学生在上大学之前就已经开始了英语的学习,而口语的学习状况却不容乐观。只有20.8%的同学在入进大学之前接触过英语口语,而所谓的英语口语学习也只是稍微接触,并没有被系统地教授过。

二、信息技术环境下大学英语口语教学的建议

(一)丰富教学方式,激发学习兴趣

传统的英语教学内容单调、教学方式单一,不利于教师对知识的拓展,也不易提起学生练习口语的兴趣。信息技术环境下的英语口语教学,教师能从学生的需要出发,合理地利用网络资源,如原声电影、英文歌曲、外

语广播等，以获得更多高质量的教学内容。情景交融、图文并茂的资料可以让学生获得丰富的感官体验，从而提高学习兴趣、增加交际欲望。有的高校设置了网络教学平台，教师可以实现资源共享，从而避免了许多不必要的重复工作，教师可以利用节省下来的时间指导学生做更多的口语训练。

（二）转变传统教学模式，强调学生主体地位

把信息技术融合到课堂中，利用多种教学资源，如影视、录音软件等来丰富课堂教学，提高学生学习的积极性。教师不再是知识的灌输者，而是帮助学生学会合理利用各种资源以提高学习效果的促进者和引导者，逐渐地把课堂转变为以学生为中心。

（三）创建真实情境，激发交际欲望

建构主义认为，学生能力的培养和知识的构建在相当大的程度上受学习环境的影响。因此，语言的学习要联系它的历史和民族文化。语言的场景越真实、生动，语言的学习就越容易。传统教学中，教师讲得再好，都不能给学生呈现出可以身临其境的交流氛围。多媒体资源的一个显著优势就是能提供一个图、文、声、形、光融合的真实情境，学生可以在听的同时观察说话人的身势语、衣着、环境，甚至观察天气、说话人表情、瞬息万变的气氛等，使教学变得生动有趣，加深学生的理解。

（四）消除心理障碍，提高学习积极性

部分学生担心因为自己古怪的发音、不恰当的用词等影响自己的英语口语表达，所以每次进行英语交流时都呈现出不自信、压抑、紧张。特别是性格内向的学生更不敢用英语交流。而信息技术环境下的口语教学，可以利用"人机交互"这种虚拟的人机对话方式有效地减轻学生的害羞、紧

张的心理，也可以采用自己模仿原声、给影片配音等方式消除交际的不安。

（五）学习西方文化，去除思维定式

学生可以通过利用以计算机为核心的信息技术，多途径地了解西方文化，最大限度地利用网络资源，开阔视野；在了解西方文化的基础上，减少母语思维定式，学习西方人表达交流的方式，只有这样才能说出纯正地道的英语，提高口语水平。

（六）纠正语用错误，提高口语基本功

在传统教学中，教师没有时间和精力去纠正每个学生的发音和用词。在信息技术环境下，教师可以和所有学生进行高效互动。学生不仅可以在口语方面有所改进，还可以利用多媒体资源，自主训练，如进行虚拟的人机对话，还可以在练习口语的同时得到及时的反馈。

（七）加强口语测试，增强紧迫感

教师可以利用语音室的录音软件把学生平常练习口语的声音录下来，以便判断不同阶段学生的学习状况。学生可以利用网络的强大功能，在英语学习平台上测试口语水平，来达到自我检测的目的。加强学生口语的形成性评价和终结性评价，能够在一定程度上增强学生学习口语的紧迫感，以此来消除过分注重应试教育中的笔试部分而造成的口语学习的滞后。

全球化对当代大学生的英语口语水平提出了更高的要求。改变"哑巴英语"的现状是一个急切而严峻的任务。信息技术环境下的口语教学，应充分利用信息技术的优势，进行教学设计优化，为口语教学创设逼真的语言环境、提供丰富的资源支持，逐步实现教学内容展现方式、教师教学方式、学生学习方式、师生互动方式、教学评价方式的转变，能够让学生在

轻松愉悦的环境中，感受不同的民族文化、提高自主学习能力和口语水平，从而逐渐改变英语口语滞后的现状。

第五节 信息技术环境下英语口译教学设计

随着现代教育信息技术的不断发展和应用，我国口译教学进入了新时期。不可否认，传统的口译教学模式为我国培养了一批优秀的口译人才，但也面临着现代教育信息技术的挑战。进入信息化社会后，现代教育信息技术已成为辅助学习和教学的有效手段和工具，也给英语口译教学创造了无限生机。如何运用现代教育信息技术改革传统的口译教学模式，既保留传统口译教学的优点，又充分利用现代教育信息技术的优势，实现传统口译教学和现代教育信息技术的有机结合，提高口译教学质量和效果，关键在于优化英语口译教学设计。

一、教学设计论

教学设计是提高学生获得知识、技能的效率和兴趣的技术过程。在教学设计中，把各教学要素看作一个系统，分析教学问题和需求，确立解决的程序纲要，能使教学效果最优化。关于教学设计的定义，加涅曾在《教学设计原理》中界定为："教学设计是一个系统化规划教学系统的过程。教学系统本身是对资源和程序做出有利于学习的安排。任何组织机构，如果其目的旨在开发人的才能均可以被包括在教学系统中。"教学设计是教育技术的组成部分,它的功能在于运用系统方法设计教学过程,使之成为一种具有可操作性的程序,以解决怎样教和教什么的问题。

二、现代教育信息技术环境下的英语口译教学设计

(一)课程教学模式设计

现代教育信息技术环境下的英语口译教学注重人与现代教育信息技术的完美结合。以计算机为核心的现代教育信息技术为口译教学创造了较理想的教学和学习环境,增加了获取信息的渠道,创建了以"人机结合、开放式、协作式、虚拟社区"为特点的教学模式。基于现代教育信息技术以学生为中心的口译教学模式如下:

常规模式:教师→媒体→学生。

辅助模式:媒体↔学生。

在整个教学过程中,计算机与其他媒体设备是连接教师和学生的载体,通过它们传播音频、视频、文字、图像等教学内容;反馈学生的反应速度和学习程度。同时,充分利用计算机网络辅助学生进行自主学习。这种口译教学模式充分利用了口译教学软件、多媒体设备等教育技术,能充分激发学生口译学习兴趣,组织学生进行自主学习,并能及时记录学生的学习动态和学习过程。

(二)课程教学内容设计

教学是一种有目的的活动,教学内容的优劣是整个教学过程是否有效的前提和保障。在教学过程中,教师不能完全依赖教材内容,而要将教材

中固定的内容灵活化，进而合理设计课堂教学内容。在设计教学内容时，教师要考虑到以下几方面问题。首先，教学内容要符合学生的认知规律，只有这样才能引起学生的学习兴趣，激发学生的学习动力。其次，教学内容要注重实用性和可行性。可以将口译教学分成三个阶段，共三个学期。第一阶段是口译学习的初级阶段，教学内容主要是学习和使用口译的常用技能（包括笔记技巧、数字口译技巧等），通过本阶段的学习，让学生了解口译技能的知识。第二阶段是口译学习的应用阶段，教学内容主要以日常话题为主，主题包括机场接待、求职招聘、风俗礼仪等，目的在于训练学生的双语互译能力。第三阶段口译实践阶段，教学内容以商务职场中的口译话题为主，包括商务接待、商务谈判、企业介绍等，主要为了训练学生的口译能力，熟悉商务活动中的口译工作内容和工作流程。三个阶段的学习，由易到难，循序渐进，符合学生的学习规律，与学生的就业岗位紧密联系。

（三）课程教学目标设计

高职院校口译课程教学目标设计要结合学生的状况、工作的特点和高职教育的特点。基于对高职院校学生学情和就业状况的分析，高职院校口译课程教学的主要目的是让学生了解口译技能和感知口译经历，尤其是让他们了解口译过程中双语思维的信息输入、信息输出、切换频率和速度，为他们走上工作岗位后有可能遇到的口译场合尽可能做好铺垫。同时，结合口译课程开设经验，将口译课程的目标分为一级目标、二级目标和三级目标，共开设三个学期。一级目标主要以讲解和训练学生的常用口译技能为目标。二级目标主要是以提高学生的双语使用能力和行业知识为目标。

三级目标主要以商务主题为主线,以训练学生在商务职场环境下的口译实践能力为目标。三个目标相互联系,逐渐递进,符合高职教育"教、学、做"一体化的特点,符合学生就业岗位的特点。

(四)课程教学方案设计

教学方案设计是一个以科学方法论为指导的,对教学全过程进行组织、计划、实施与评价的操作程序。教学方案设计的目的是实现口译教学过程最优化。口译课程教学方案设计包括教学内容设计、教学方法设计和口译技能训练项目设计三个主要方面。

高职院校英语口译教学内容的设计应本着实用为主的原则,在教学内容选择上必须坚持与时俱进,以培养学生的双语交际能力为目标。课程分为三个阶段,第一阶段主要以口译理论讲解和口译技巧讲解为主。教师在教学过程中要注意精讲多练、理论与实践相互结合的原则,运用有限的课堂时间,向学生讲解常见的口译理论和口译技巧,结合部分日常情景中的专题,帮助学生学以致用。第二阶段主要以教师口译技巧讲解、口译技巧训练和学生口译实操为主。教师在教学过程中注重口译技巧的细化讲解并加以示范,加大力度训练学生的口译技巧,然后进行专题口译实战训练。第三阶段是商务工作环境下英语仿真口译阶段,此阶段遵循"教、学、做"为一体的原则,注重训练学生在商务环境下的职业口译能力和语言表达能力。通过口译技巧的学习和各相关专题的口译实训,帮助学生对口译技巧形成系统的认识,掌握各工作场景下交际性口译的实用表达。

高职院校的英语口译课程重在培养学生在职场中的英语交际能力,教学中融"教、学、做"为一体。因此,在教学方法方面原有的讲授法不再适用于英语口译教学，教师必须选择以学生为中心、学生参与度高的教学方法。结合高职学生的学情，充分利用现代教育信息技术，教师可以将情境教学法、交际教学法、听说法等多种教学方法结合，最大限度地调动学生的学习积极性，激发学生的学习兴趣。比如，在讲解迎来送往的商务专题时，基于商务接待的工作场景，教师可以借助多媒体设备和商务接待视频向学生展示实际工作中的商务接待流程，采用情境教学法和听说法，借助话筒、口译实训软件等设备让学生分小组进行商务接待的现场模拟训练。

口译技能训练项目设计主要包括听辨技能训练、记忆技能训练和表达技能训练。听是口译中的一个重要环节，译员的听力理解能力，是口译成败的一个关键因素，也是一名译员的综合语言和知识水平的反映。英语是世界性的大语种，口音五花八门。要听懂各种不同的口音，译员必须在平时注意多听一些英语的口音、方言及变体，注意总结其特点和规律，泛听大量不同题材和多种口音的原声材料，逐步提高自身的听力水平和口音辨别能力。因此，必须鼓励学生通过听力软件、网络资源等各种现代教育信息技术加强自身的听力训练。同时，为出色完成口译任务，译员需要有非凡的记忆力。译员要把讲话人所讲的内容准确、详尽地用另一种语言表达出来，必须有相当好的记忆力。译员为提高自己的记忆力，必须通过"魔鬼训练"和"影子训练"，养成随听、随记、随译的习惯，学生只有课后借助多种现代教育技术自主进行大量实践，才能真正提高自身的记忆能力。合格的译员不仅要具备良好的听辨能力和记忆能力，还必须具备良好的表达能力。表达技能训练是口译的中心环节，译员能否在有限时间内将听到的信息准确流利地由一种语言译成另一种语言，是决定口译成败的关键。

为训练学生的表达能力，教师可以借助多媒体设备、录音笔、录音软件、口译软件等，由易到难训练学生的表达能力；还可以通过朗读、跟读、主题演讲、辩论、模拟口译等多种形式进行大量的口头表达训练。

（五）课程考核方案设计

课程考核是检测学生学习情况的重要环节。本课程的评价主要采用形成性评价和终结性评价相结合的方式。考核内容包括口译知识、口译技巧、专题口译能力、交际能力、学习态度、职业素养等多个方面；考核方式包括听译、情景模拟口译、视译、小组模拟口译等多种形式。期末测试包括笔试和模拟口译实践两部分，借助现代多媒体设备、录音软件等对学生的口译能力进行测评；最后通过电脑对学生的平时课堂表现、课外口译实践、技能测试、口译实践和期末口译考核进行综合评定。

教学设计是现代教育技术的基础，既给传统教学带来了巨大冲击，也是优化教学过程的必要措施，并对提高教学质量具有重要作用。现代教育信息技术的发展给口译教学改革带来了机遇，高职院校应充分利用丰富的口译网络资源，为学生创造良好的口译训练环境，提供大量的口译实训机会，不断提高口译教学质量。

第六节 信息技术的教育技术学专业英语教学

随着信息技术的不断发展，信息资源的不断丰富和人工智能领域研究的不断进步，网络虚拟空间的人机交互朝着人性化、个性化方向发展。如何促进师生之间在信息环境下的交流，充分发挥教师作为学生学习指导者、帮助者、促进者、导航者的作用，如何用先进的信息技术手段改革传统教学模式和学生学习方式，使教育技术学专业英语教学朝着个性化学习、主动式学习的方向发展，体现教育技术学专业英语教学的实用性、文化性和趣味性，并充分调动教师和学生两方面的积极性，是信息化教育应用的问题所在，也是高校教学改革的核心。

一、信息技术与教育技术学专业英语教学

信息技术环境下的教育技术学专业英语教学，是以学生为主体、教师为主导的教学理念为指导，在不脱离课堂教学的条件下，充分利用网络、多媒体技术，共同完成教学任务的一种新型教学方式。这种模式下的师生既可以面对面交流，又可以不受时间限制，利用计算机网络技术进行深入、自由的多向交流。信息技术环境下教育技术学专业英语教学的开展，促进了信息技术和传统课堂教学的有机结合，有利于学生自主学习能力和创新能力的培养。同时，信息技术环境下的教学渴望提高教师运用现代教育技术进行教学实践的能力，提高教师的信息素养。

二、基于信息技术的教育技术学专业英语教学模式的优势

（一）师生角色的转变

在教育技术学专业英语教学中，利用信息技术，教师的作用由常规的主导者转化为引导者，即成为教学过程中的组织者、指导者、意义建构的

帮助者、促进者。学生的角色由一味被动接受者转变为主动参与者。媒体的角色由教具转变为学生主动学习、探索知识的工具。教学模式由"粉笔+黑板"转变为多媒体网络教学模式。

（二）学生学习方法的转变

新课程标准明确提出了"自主学习""终身学习"等重要理念。自主学习是指学生根据自己的具体情况，确立学习目标，制订学习计划，选择学习方式，监控学习过程及自我评估学习效果，是与他人协作、分享、共进的学习，是不断进行自我反思的学习，是依托信息技术将真实情境与虚拟情境融会贯通的学习，是以信息技术作为强大认知工具的潜力无穷的学习。

（三）教学内容由单一变为多样

传统教学模式中，教学内容主要以书本资源为主。基于信息技术的教育技术学专业英语教学，教学内容涉及各种多媒体课件、网络教学资源、光盘资源等，教学内容形式多样，能更好地传递教学信息，提高学生的学习能力和实际应用水平。

（四）提供了交互的教学环境

信息技术环境下，教师是学生学习的帮助者、促进者、指导者，是学生学习活动的组织者和实施者。他们时刻关注学生的学习过程，与学生进行及时交流，了解学生的学习进度和方向，适时调整教学策略。学生在教师的帮助下，不断与教师进行交流，汇报自己的学习成果，获得教师的反馈，调整学习策略和进度。

（五）有利于知识的获取与保持

多媒体计算机提供的外部刺激不是单一的刺激，而是多种感官的综合刺激。美国卡内基梅隆大学的一项研究显示：人类知识有 80% 来源于视觉，但记忆功能仅存留这部分知识的 11%。虽然来自听觉部分较少，但存留比例较大，两者综合运用时，保存率可提高至 50%。这就是说，如果既能听到又能看到，再通过交流用自己的语言表达出来，知识的存留将大大优于传统教学的效果。

（六）丰富学生的知识面，提高学生的能力

多媒体网络教学的教学容量大，知识密度高，它可以导入大量的课外知识，拓宽学生的知识面。利用计算机多媒体技术可以做到高密度的知识传授，大信息量的优化处理，大大提高课堂教学效率。图形、动画不是语言，但比语言更直观和形象，比语言包容的信息量更大。

（七）激发学生的学习动机

多媒体集图、文、声、像于一体，将抽象的语言、概念以音频、视频等形式生动直观地表现出来，这种交互式学习能使课堂教学内容生动化、形式新颖化、知识直观化，容易被学生接受，从而激发学生的学习动机，调动学生主动学习的积极性。此外，在多媒体网络环境下，学生可以利用校园网、电子图书阅览室等查阅资料，自主学习。学生可以根据自己的学习兴趣、学习任务要求，选取各种形式的有价值的信息来组织学习资料，并从中获取知识。

（八）创造语言学习的新环境

对学生来说，语言环境对语言学习是非常重要的。在传统的教学环境下，创造一种自然的语言学习环境是非常不容易的。信息时代的到来，特别是多媒体教学手段的运用，为学生创造了新的学习环境。多媒体辅助教学具有图文并茂、声情融汇、听觉和视觉并用的特点，这些特点使得教学变得更加贴近生活，使学生产生了一种"说"的愿望。

以多媒体网络技术为支撑的新的教学模式在高校教学改革过程中必将成为一种趋势。采用网络多媒体教学必然会遇到不少问题，因此在进行教学设计时，要根据教学目标的定位、能力培养的特点、教学过程的客观规律及教师的不同情况，选择合适的教学模式、适宜的教学方法，以期达到最佳的教学效果。

第七节 教育信息技术与英语课堂教学

自 20 世纪 90 年代中后期以来，我国的信息技术在基础教育领域的应用发展迅速，也取得了不错的效果。教育部 2000 年"全国中小学信息技术教育工作会议"提出：在大力推进信息技术教育的同时，提倡信息技术在各科教学中的普遍应用。2001 年教育部颁发的《国家基础教育课程改革纲要（试行）》中，明确提出"大力推进信息技术在教学过程中的普遍应用，促进信息技术与学科课程的整合，逐步实现教学内容的呈现方式、学生的学习方式、教师的教学方式和师生互动方式的变革，充分发挥信息技术的优势，为学生的学习和发展提供丰富多彩的教育环境和有力的学习工具。"笔者通过检索中国期刊网 2003 年至 2010 年核心期刊文章发现，如何将教育信息技术应用到教育教学过程中，使信息技术的优势与学科教学有机结合起来提高教学质量问题，促进学生全面发展，教育工作者开展了大量研究工作，从中小学教育到高等教育，从教学理念的研究到具体教学方法的探讨，积累了丰富的第一手资料，为后续研究奠定了坚实的基础。

研究教育信息技术在英语课堂教学中的功能必须理清三个方面的问题：①教育信息技术的从属性是什么？它是为课堂教学搭建平台，改善教学的途径与方法，服务于课堂教学的。②教育信息技术与英语课堂教学的结合是什么？这种结合不是简单的堆砌，而是建立在熟知两者各自特性的基础之上的有机结合，是一种"1+1>2"的结合，或者称为整合。③教育信息技术是如何服务英语课堂教学的？它的服务性体现在优化英语课堂教学，营造全方位的动态课堂教学，体现了英语课程传统教学的育人特色，将理论教学和实践教学进行有机结合，激发了学生的学习兴趣，提升了学生在课堂学习的主体地位，推进了学生元认知发展进程，为学生未来发展奠定了一定的基础。笔者针对上述问题，分别从以下四个方面对教育信息技术运用于英语课堂的教学功能进行了研究。

一、改善呈现模式，提升知识传授进度

传统英语课堂教学以板书为主体进行知识传授。课堂上，教师在黑板上用粉笔书写书本信息，然后对信息进行讲解。传统英语教学过程中，在知识信息量不是很大，知识更新速度不快的前提下，这种知识传授方式是

必须的。

自 20 世纪 90 年代以来，随着自然科学技术的飞速发展，英语教师面对的授课对象发生了巨大变化，学生接受新知识的能力较之前更强，学生需要接受的知识更为宽泛，在英语课堂课时没有增加的情况下，按照传统的板书教学方式显然已经不能适应新时期的授课要求。

信息技术在基础教育领域应用的迅速发展为现代英语课堂教学提供了全新的辅助功能。教育信息技术改善了英语知识的呈现模式，在课堂课时没有增加的情况下，英语教师借助多媒体信息手段，将原本需要在课堂板书的知识信息进行信息化操作。在英语教学备课过程中，教师将知识输入计算机；在课堂授课过程中，借助投影仪等多媒体手段对知识进行呈现。这种方式大大提升了知识的传授进度，既保证了传统英语教学知识点的传授，又增加了新增教学知识点的传授，有利于提高课堂效率。

二、改变授课结构，提高重难点知识消化强度

第一，改变了英语课堂的授课结构。教育信息技术在改善传统英语教学模式的基础上，更是改变了课堂教学的授课结构，信息技术的优势表现得淋漓尽致。对于简单知识点的传授，通过多媒体手段呈现方式节约了教师的板书时间，在课堂课时没有增加的情况下，教师可以利用更多的时间去讲解重难点知识。

第二，提高了重难点知识的消化强度。传统英语课堂教学过程中，重难点知识的讲解一直是让教师较为头疼的问题。例如，表达同一个意思的英语单词有多个，但是每个单词表述同一个意思的侧重点又是不同的；英

语语法结构较为复杂，英语能力的提升在很大程度上是通过逐步培养语感来实现的。教师借助信息技术手段，能够将较为抽象的问题简单化。通过借助信息技术手段，创设英语教学背景，使得学生在模拟情境下去理解和感悟，往往能够达到事半功倍的效果。

三、充分体现"教师主导、学生主体"的教育功能

教学过程是教师和学生共同活动的过程，师生共同的双边活动以一定的教学内容、教学手段为中介，通过师生双边活动来完成教学任务。

教育信息技术在英语课堂教学中的应用体现了"教师主导、学生主体"的教育功能，通过改善英语教学模式，提高重难点知识消化强度，以改变授课结构的方式，促进理论教学和实践教学的有机结合。

传统的课堂教学方式是"一边倒"的教师主导传授知识，在有限的课堂课时情况下，学生根本没有时间和机会与教师互动，疑难问题的解答往往是在课间与课后进行的。而信息技术手段在课堂教学过程中的应用，学生的问题可以在课堂得到一定程度的解答，互动性强了，能力提高了，学习兴趣自然而然也能逐渐提高。

四、迎接挑战，提升教师运用教育信息技术的能力

作为新时期的教师，面对信息技术在高校教育领域的应用迅速发展的现状，教师自身需要加强对教育信息技术应用能力的培养。

首先，初级信息技术能力需要加强。传统英语教学的板书授课方式已经不能适应新时期的英语教学，教师在从事英语教学过程中的备课、授课、

答疑等环节需要借助信息技术手段进行教学方式方法的改革，变传统的"板书"方式为"多媒体+板书"方式。

其次，高级信息技术能力需要提高。"以人为本"是学校工作的重点，同样也是教师教学方式的重点。教师面对的对象是青春活泼的大学生，教师开展的课堂教学也应该是生动活泼的。英语知识的授课背景需要琢磨、提炼、尝试和改进，重难点知识的呈现方式需要通俗易懂，这些都对教师运用教育信息技术的能力提出了更高的要求。

第二章 英语信息化教学研究

第一节 教育信息化背景下的高校英语教学现状与对策

人类社会的发展与技术的进步息息相关,三次产业革命都改变了世界,促进了人类社会的进步与发展。自从20世纪50年代以后,信息技术迅猛发展,信息社会来临,社会的生产方式发生了根本性的变化。计算机技术、网络技术、高密存贮技术等为代表的信息技术广泛应用于社会各个方面,同时也对教育产生了深远影响。人类社会也进入了以知识作为生产要素的知识经济时代,社会的"信息化"成为时代特征。

信息技术的迅速发展和广泛应用,也给教育工作带来了革命性的变化,教育信息化成为发展的趋势,信息化教育成为教育的新手段和新形式,也为学习方式带来了革命性的变化,教育事业的改革也日益深化。信息技术为教育工作带来了全面的变革,对传统的教育思想、教育观念、教育内容、教育模式和教育方式方法都产生了巨大的冲击。教育信息化成为国家信息化战略的重要组成部分,使得教育思想和观念产生了转变,深化了教育改革，促进了教育质量和教育效益的提高，为创新人才的培养提供了重要途径。

一、教育信息化的内涵

网络技术的迅速普及和广泛应用，促进了整个社会的信息化发展。"社会信息化"广泛体现在各个行业，同时也促进了"教育信息化"的发展，政府也通过各种形式，来促进教育信息化的发展，充分体现了教育信息化的重要性。教育信息化指在教育领域（教育管理、教育教学和教育科研）全面深入地运用现代信息技术来促进教育改革与发展的过程。教育信息化充分体现着信息技术的特点。我们要通过教育信息化的水平的提高来实现教育的现代化，促进教育的改革，实现教育的目标。对此，国家多次发布相关规划、政策、法规来布局教育信息化工作、促进教育信息化发展。同时，教育部每年都印发教育信息化工作要点，以指导我国教育信息化工作。

二、高校英语教学信息化的现状分析

毋庸讳言的是，现代信息技术在应用于大学英语教学的过程中，教师、学生、环境、管理等各方面出现了一些"抑制"性的因素，导致教学中各要素以及要素之间"流通"不畅，影响了预期的教学效果。

（一）教师因素

很多大学英语教师信息素养缺乏，在实际教学过程中，其与信息技术间、与学生间缺乏有效的信息技术交互共生。信息素养是指运用信息解决问题的能力以及在此过程中所展现出来的人文道德修养。从技术层面来说，信息素养是指人们利用信息的意识和能力；从人文层面来讲，信息素养反映了人们面对信息时的心理状态。然而，经调查，很多大学英语教师的实际教学，在认识、能力、意志、心理上都未能体现与信息技术的协同。主要表现如下：

1. 认识不清

很多大学英语教师对信息化教学存在一定的误读，主要表现为对网络教学的过分依赖和对网络教学的认识过于简单化。①过度依赖多媒体。观察发现，很多教师患上了"多媒体依赖症"，关注于课件的展示，而忽略了师生互动，多媒体上升为"主导"地位，严重削弱了教师的主观能动性和课堂应变能力，更有甚者，有些教师离开多媒体课件就不知该如何实施课堂教学。②对信息化教学的认知肤浅简单。某些大学英语教师认为给予学生一个校园网络环境，为学生上传学习资源和网络链接，给学生布置网上学习任务便万事大吉。实际上，大学英语信息化教学是一个环形多维互动结构，不仅注重环境和资源的给予，还强调在每一个环节中信息技术的有效融合，学生的咨询，教师的辅导、监控与评估，以及最终的成效与反馈。在此过程中，学生学习如何自主学习、如何协作学习、如何自我管理、如何自我监控，以及如何自我建构和自我成长。

2. 能力不足

很多大学英语教师，特别是年龄较长的教师，对信息技术的运用仅仅停留在利用网络进行简单的课件和查询工作上；有些教师，对于一些新兴的教学软件的利用，诸如"批改网""U校园""云班课""微信""课程网络平台"等，只是进行简单的点名、看视频、听写等工作，进行简单的工具叠加，看似运用形式很多，但都是蜻蜓点水，而未能将这些信息技术所涉猎的范围和深入用法吃透，对具体信息技术交互的方式、过程、实质也未能真正地理解，难以找准自己适当的位置，自然就迷茫无措，更不用谈对学生进行有效的信息技术指导；还有些教师为图省事，直接在网络下载教学课件，完整地不加修改地照搬过来，没有考虑到教学对象的不同和教学内容上的差异。

3.意志不定

在教学过程中，很多学生因其已经养成的学习习惯跟不上信息化教学的要求，对教师的课堂教学改革不予配合或消极回应，使得部分教师刚刚建立的一点改革信心在学生的消极回应中逐渐消散，加之"求稳"思想作祟，这些教师往往会回到传统的教学方法和模式中。更有甚者，某些教师为了在期末考评中获得学生的好评和肯定，提高评教分值，主动迎合学生传统的学习观念和习惯，讨好学生，偏离大学英语信息化教学改革之路，因自身私利而全然不够教学改革大局。

（二）学生因素

1.观念滞后

学习观念是学生对学习的认识，具体体现在学生的学习态度、学习行为和学习方法等方面。大学英语信息化教学需要学生更新其传统的"教师主动传授、学生被动接收"的学习观念，学生应自主地搜寻知识、发现知识、探究知识、整合知识、分析知识、建构知识。但有些学生由于学习观念滞后，不能接受和适应信息化教学方法和教学模式。他们过于夸大教师课堂讲授的有效性，不愿舍弃已经养成和习惯的学习方法，对新型信息化教学模式不是积极尝试和积极适应，而是对此产生不满情绪，认为课堂中的多向互动费事低效，从而在课堂实践中或不予配合，或消极回应，影响了教师改革信心，最终导致教学效果不佳。

2.积习难改

任何习惯都具有延续性和稳固性的特点，很难改变。教育改革除了要改变思想上的习惯，还要遏止行为上的惯性。传统的学校教学习惯是一种领导式、监管制的管理，遵循着"教师说和讲，学生听和记"的方式，学生和教师都已习惯这种传统的教学模式。一旦要求学生自我探究、自主学习、自我监管、合作协同，师生难免有些不知所措。虽在教改过程中，很多学生感受到信息化的教学优势，了解到信息化教学的必然趋势，但仍因相关经验匮乏，不得其法，找不到目标和重点，加之对相关网络技术操控能力的缺乏，心生彷徨，慢慢也就失去兴趣。

3.信息素养缺乏

在现代信息技术介入英语课堂教学以后，学生在信息技术素养和信息人文素养两个层面都存在一些问题。在信息技术素养层面，很多学生在运用现代网络信息技术进行探索性和研究性学习时，尤其是在使用一些非用户友好型的学习技术功能时，常常显得力不从心，多次受挫，转而放弃，从而影响了他们的学习积极性。在信息人文素养层面，有些学生英语学习动机不强，加之平时学习任务繁重，在网络自主学习中便选择偷懒，运用一些手段伪造网络学习过程记录，影响教师对学生评价的准确性。此外，还有些学生因缺乏自控能力，沉迷于网络游戏或娱乐节目，浪费了学习时间，这也是信息素养低的表现之一。

(三) 环境因素

1. 软硬件信息化程度不足

在我国当前的大学英语信息化网络多媒体教学中,存在信息化程度不高的问题,主要集中在硬件设施不足和诸如资源库构建等软件设施建设上。

硬件设施是教师进行信息化教学的物质保障,然而,很多高校在引进这些技术设备后往往存在一些问题。如很多硬件设备老化,加之维护不当,教师在上课时时常出现一些状况;有些学校投资的先进信息技术设备并不能保障教师上课的时效,固定教师进行信息化上课的时间,每周固定一次课允许教师去多媒体教室进行交互,大大影响了教师的上课进度,打乱了其教学计划和教学策略,其教学效果大打折扣。

在软件建设方面,主要体现在相关网络教学平台和系统的建构上。由出版社统一开发制作的高校英语教学软件有缺陷。这些软件往往具有内容理想化、信息繁杂化、画面粉饰化、功能固定化等特点,与实际的教学需求和不同层次的学生需要都有一定的差距,教学效果也不尽如人意。有些网络教学系统功能有待完善。如有些系统缺乏归类汇总的功能,有些缺乏监控防弊功能,不利于教师对学生学习情况的及时、准确把握。

2. 师生关系疏离和人文关怀缺失

目前,大学英语教学班级庞大,教师教学任务重,导致教师没有足够的精力组织形式多样的课内外活动。此外,一些数字化、网络化的教学环境冲击着师生交流,"人—机"互动逐渐取代了"人—人"互动。很多高校教师课上过度注重技术设备的使用,师生和生生课上交流的时间一再压缩,即使小组活动也是为了活动而活动,缺乏真情实感的生活气息。这种表面的、机械式的假象交流不仅阻碍了知识信息的有效流通，而且割裂了师生间和生生间的情感交互，人与人之间关系更加漠然，更谈不上人文关怀。

（四）管理因素

首先，现行的各方信息化教学管理制度不明确。于教师，很多学校并未把教师教改的力度与使用信息技术教学的频率纳入管理考核之中；于学生，很多学校和教师并未制定具体的有关学生网络学习的规章制度；于学校，空有制度，但流于表面，执行力不够，很难取得预期效果。其次，信息技术在教学管理方面的应用范围较为狭窄。吴友富认为，大学英语教学管理是有计划、有组织、有指挥、有协调、有控制地管理英语教学的各个环节。然而，目前的信息技术仅仅集中应用于大学英语的学习系统之中，在其他环节应用甚少。

面对信息化教学中各方要素在流通过程中所衍生的诸多问题，我们要寻根究底，找到平衡流通协作的方法，希冀能够为之提供新的视界。

三、高校英语教育信息化建设的对策

（一）加强软硬件的信息化建设

信息化背景下的高校英语教学必须构建英语教学信息化的软硬件环境，这是英语教学应对信息化浪潮，加强信息化教学的前提条件。首先，信息化时代教学设施建设的基础是网络设施，现代英语信息化教学的网络一般是采用 ATM 进行分组的交换网和 ATM+TCP/IP 网络协议。其次，英语教学基于其包含语音教学的内容的特性，很早以前就有语音室建设，这也是最原始的信息化硬件建设。现代语音室建设包括网络服务器、学生学习终端、教师主控设备、以太网交换机和视频交换机等设施。再次，硬件的建设是为了支撑软件的运行，因此也必须加强数字语音软件的采购，如英语学习的资源软件、英语教学的素材软件、其他资源等。最后，这些数量巨大的音频、视频资源需要高密存储设备来进行保存，所以必须配备调整的基于网格的网络服务器和具备三级缓存的高存贮的硬盘设施。

（二）增强英语教师的信息素养

高校英语教学信息化的软硬件建设为英语教学打下了坚实的基础，但更需要英语教师充分利用软硬件设施，充分挖掘其中的资源，为教学水平的提高打下基础，这就需要英语教师必须具备良好的信息素养，必须能够熟练使用设备，能够把资源的使用率发挥到最佳。在英语教学中，英语教师首先要在课前对课程进行设计，要对英语教学软件的功能开发充分熟悉。教师在教学中不仅要能够利用英语教学信息设施开展英语教学工作，而且也要能够利用这些设施来提高自身，为更好地进行英语教学打下扎实的基础。另外，英语教师要能够在英语教学中通过信息化的软硬件设施，通过多元化的视频和音频以一种科学性、启发性和逻辑性的方法引导学生理解知识要点、把握英语学习技能、掌握英语学习规律、发展英语思维习惯、提高英语学习能力。英语教师的信息素养还体现在英语教师认识、获取、选择、加工信息的能力上，体现在英语教师在信息社会中的信息道德素养上，体现在了解、搜集、评估、分析、传播信息的能力上，体现在熟练使用信息技术来开展信息调查、信息鉴别和推理的能力上，这些能力将促使英语教师的学习能力、科研能力和教学能力的提高，促进教师全面发展。

（三）提升英语教学的信息化水平

首先，高校英语教学的信息化体现在教材的电子化上，英语教学因为是听说读写的一体化，应用信息技术是非常必要。通过电子化的方式，可以把英语教学中的语音和文字进行融合，可以把语音和活动影像进行整合，可以把以前的课本、录音带和录像带进行合并，实现图文声像并茂。其次，高校英语教学的信息化其次体现在教学环境的虚拟化上，英语教学应该加强虚拟英语课堂建设。通过虚拟的方式来对学生开展英语教学，通过虚拟的方式来开展远程教学，通过虚拟的方式来开展网上学位的授予。再次，高校英语教学的信息化还体现在充分利用即时信息工具等沟通手段上，师生可以利用论坛、社区、微信、QQ、微博等工具来开展沟通，加强师生之间的交流，提升学生的学习效果。最后，高校英语教学的信息化还体现在充分利用课件来开展英语教学，通过多媒体等方式来创设情境，促进探索学习和合作学习，通过课件来作为教学的中心，给学生提供多层次的感官刺激，活跃课堂气氛，提升学习效果。

第二节　利用信息技术促进英语高效教学创新研究

将信息技术融入教育，折射了"互联网+"给教育带来的颠覆性改变。利用信息技术教学就是使用录音机、幻灯机、投影器、电子交互白板、电脑等现代化设备进行的英语教学。信息技术教学能把文字、声音、图像、视频等有机地结合起来，使信息得到更完美地表达，给课堂教学带来了无限的生机与活力，它的根本意义和作用在于提高教学的现代化水平，体现以学生为中心的教学和教师的主导作用。通过多年的教学实践，笔者深刻体会到利用信息技术教学具有多方面的优势：

一、利用信息技术进行英语教学，课堂更具直观性

著名教育家苏霍姆林斯基说："所有智力方面的工作都要依赖于兴趣。"大学生的学习兴趣对鼓舞和巩固他们的学习动机，激发他们的学习积极性起决定作用，一旦激发了大学生的学习兴趣，就能唤起他们的探索精神、求知欲望。大学生活泼好动，好奇心强，易于接受新事物。优雅动听的音乐、鲜艳夺目的色彩、五彩斑斓的图画，都能吸引学生的注意力，激发他们的言语兴趣。利用信息技术教学正好可以提供这种生动、形象、直观，感染力、渗透力极强的教育信息。

例如，在上"S_{ports}"这一课时，使用暴风影音嵌入超链接，播放NBA、英超、温网等有关运动的比赛视频，激发学生学习语言的兴趣，顺势转换学生语言思维并导入课堂，视频所创设出的直观、生动的特定英语学习环境，能极大地提高学生的学习效率。

二、投射真实语言环境，加强英语教学的情境性

现代英语教学最明显的特点之一就是高度的实践性，这是由语言是交流工具之一的社会功能所决定的。英语对中国学生来说，有相当难度，其主要原因是缺乏良好的语言环境、缺乏英语原材料等。为了提高学生的交

际能力，就要给学生提供能进行言语实践活动的教学情境。传统的教学无法营造一种真实的语言环境，但多媒体能提供声音、画面、人物、情景、光、电，使学生置身于语言环境之中，产生一种需要运用英语的激情，学生由被动地接受信息转化为积极参与语言交流，从而改变了以教师为中心的传统教学模式，为学生的口语交际提供了展示平台。

三、利用信息技术教学给英语课堂教学改革注入了新鲜的血液

把传统的只注重灌输的英语课堂教学模式转变为在课堂上培养学生听、说、读、写四种能力并举的教学模式。在现代英语课堂上，大容量、高密度、快频率的课堂教学使得学生在听、说、读、写四方面的综合训练得到加强，学生英语交际能力得到培养，学生主体性得到更大发挥。学生在积极参与的过程中更能主动求发展，体现个人魅力。德育和文化背景知识得到更深层次的渗透。

在信息技术教学背景下，学生的学习方式发生了巨大变化。我国当前的教育改革提出，要转变学生的学习方式，建立以"主动参与、乐于探索、交流与合作"为特征的学习方式。计算机网络、数字化多媒体语音室等一些现代教育技术和媒体在英语教学中的广泛应用，无疑弥补了传统语言教学中的许多不足，丰富了英语课堂教学的模式和结构，同时也为改变学生的英语学习方式，实现趣味学习、自主学习、协作学习和探究学习提供了可能。

提供鲜明生动的语言环境，使学生身临其境般地全方位体验英语文化，实现趣味学习。如在学习了 Protect the Environment 一文后，可让学生从一幅幅生活图片中总结"What can we do to protect pandas？"及"How to protect the environment？"引导学生从正反两方面讨论哪些行为破坏环境，哪些行为保护环境。教师根据学生所讨论的行为的次序，点击弹出文字及声音，帮助他们进行语言的学习，最后进行正反两方面行为的总结。由于图片较全面，学生对环保也熟悉，贴近生活的多彩图片充分调动了他们的兴趣；他们积极思考，全面总结，总结出的行为大大超出了课本的提示。教师再借助社会学科常用的方法，通过几幅漫画，让学生回答，目前环保中最严重的问题是什么？学生通过讨论得出，人们缺乏对其重要性的认识。在此基础上，教师引导学生深化主题，最后大家达成共识："If everyone can protect the environment, the world will become much more beautiful."这正是本节除语言目标之外的德育目标。

在学习英语的过程中，学生会碰到许多由于缺乏背景知识或中西文化差异而产生的文化"休克"现象。了解文化差异，增强世界意识，无论对培养学生的健全人格，还是提高学生的语言实践能力都是有好处的。但异国文化全部靠教师来讲解显然是不现实的。在教会学生如何上网后，教师就应鼓励学生自己去获取需要的知识。例如，他们通过网络可以了解到许多的有关圣诞节、复活节、愚人节、感恩节等资料，这不仅可以帮助他们理解课文，而且某些方面还减轻了教师的负担。所以对学生上网进行封堵是不妥的，关键是如何引导他们把网络作为一种工具去运用，以形成良好的学习习惯和有效的学习策略。

培养学生之间的合作精神，使学生在协作氛围中学习英语。英语学科涉及古今的社会、经济、科学、历史、文化等多方面的内容，而一个人的知识与能力是有限的。因此，在英语学习中开展协作学习是非常有必要的，而多媒体计算机网络为实现协作学习提供了环境基础，学生可以突破时空限制，围绕共同的学习任务，合作进行信息的采集、加工、处理，展开师生间、生生间、个人与小组间、小组间的网上讨论或交流性的协作式学习。例如，学习"Cartoons"这一模块时，针对学生喜欢卡通、了解卡通影视剧这一情形，教师安排学生分组查找卡通影视资料，制作卡通人物面具，共同探讨卡通英雄主要事迹，在课堂上看到自己的作品被展示出来，学生非常兴奋，极大地激发了学生学习的积极性。

总之，将信息技术运用于英语教学，使课程结构复合化、多样化、信息化，这就是新课程标准的课程结构创新的特点，信息技术的运用，优化了教学过程，增强了学生的合作意识，使学生走进社会、体验社会、关注社会、服务社会，并为学生的终身发展打下了基础。

第三节　网络信息技术与高校英语写作教学

高校英语写作教学要从传统的"讲解、改错、练习"的窠臼中解放出来，把重点放到培养学生的写作兴趣和习惯上才能真正提高学生的写作能力，从而满足社会发展对学生英语水平的新的要求，这正是对学生主体地位的进一步认识。社会的发展对高校毕业生的英语水平提出了更高的要求。

人才市场对人才的要求也因此不断提高,能否运用流利的外语与外界交往成为考查工作能力的必要指标。当前,高校英语作文考试和练习题型单一,模式化、套路化等问题与语言的实用性要求相悖,是将应试知识和应试技能作为教学内容的落后老套的可悲残余,严重违背了语言学习的规律,当然也就不能培养出适应社会需要的毕业生。

当代大学生热爱现代数字娱乐生活,这在学习方式上表现为对网络交际的渴望,比如使用微信、QQ、Skype等即时通信工具代替传统通话和对话,使用E-mail代替传统书信,使用在线词典代替纸质词典,使用博客和个人空间写作代替传统日记周记和创作,等等。这一特点可以成为当代高校英语写作教学改革的切入点和突破口。

一、网络空间为英语写作提供用武之地

王初明教授的"写长法"在互联网博客空间写作中得到了有效发挥。"写长法"既能调动已学的知识又能驱使学生为表达思想而寻找还没有彻底掌握的表达式、句子结构等,真正做到使学生"在用中学"(Learning in Use)。"写长法"能促使现实语言运用的自动化,有效达到语言习得的目的。"写长法"就是鼓励学生不断地写、大量地写,通过扩大量来提高质量。作文写得越长,越能暴露语言问题,学生越需要努力把所学知识用于表达思想,在使用知识的过程中消化知识、巩固知识。同时,学生还可以进行博客文章互评和学习,可以链接自己的友情博客,可以进行摄影博客和播客交流,像Blogger、Photo blog、Facebook、My Space、Twitter和YouTube等已经成为世界大众文化和娱乐交流的典型平台的,这样的交流都是基于英文平

台，因而极大地促进了英语学习。

（一）博客空间

中国互联网络信息中心（CNNIC）2007年12月26日发布了《2007年中国博客市场调查报告》，其中显示中国博客作者数量已达4698.2万人，拥有博客空间7282.2万个，平均每人1.55个。另外，像MySpace和MSN Space在全球英语使用者当中占有相当大的比例，并且一直呈上升趋势。博客队伍发展得如此壮大，主要原因在于博客的使用是完全免费的，也不需要高深的计算机和网络技术，是类似傻瓜相机一样的"傻瓜"网站。各种行业的互联网使用者都可以拥有自己的互联网空间，并且随着各行各业的全球化发展，最有影响力的语言和文化在博客上充分地得到了体现，英语、日语和中文博客数量名列前茅就是明证。就现代高校学生而言，在经过了网络蒙昧时代的QQ瞎聊之后，他们已经开始思考理性地使用网络了，其中利用网络搜索资讯和进行网络学习成为主流。基于此，利用博客来鼓励学生进行英语写作和交流就有了客观现实条件。建构主义学习理论认为，学习过程不是学生被动地接受知识，而是积极地建构知识的过程，使客观的知识结构通过个体与之交换作用而内化为认知结构。建构主义学习理论强调以学生为中心，它要求学生由外部刺激的被动接受者和知识的灌输对象转变为信息加工的主体、知识意义的主动建构者。英语博客写作可以利用在线词典、搜索引擎以及博客互评有效地促成学生主动建构和内化自己的英语知识认知结构，从而掌握精练准确的英语文笔。

（二）博客互评

博客上可以进行评论，那么学生之间、师生之间就可以发表各自的看法，提出自己对英语写作的改进意见。这种自发的言语纠错、比较阅读和相互学习极大地避免了教师批改英语习作的某些徒劳无功的现状，比如说，相当一部分学生对教师的批注不认真对待。此外，博客互评能够鼓励学生培养批判性思维，能够更易于形成个性化的学习风格。博客交流正是这样一种个性化的具有批判性思维的学习活动，而学生一旦形成习惯，则可能化为一种智力生活方式，即终身学习，这正是二语习得理论所要求的语言习得模式。语言习得理论认为，人主要在相应的语言环境中进行接触或输入，自然地学会语言。英语博客交流创造了一种英语语言氛围，而且博客交流过程中能够迅速及时地通过英语信息的搜索扩展学习英语语言和文化，因此这种交流本质上正是学生自然而然地学会语言的过程。

二、网络技术为英语写作提供利器

上面提到的博客写作可能会涉及一个问题：学生的英语作文，尤其是单词、短语和句子运用的正确性如何作出判断？如果只是学生之间自我评定，或者企图全部让教师全权评判，都是不切实际的。利用搜索引擎来判定句子或者词组的正确性和准确性，不失为一种十分可取的省事省时、见效快的方法。而使用搜索引擎来判定英文的正确性要明确三点：①最好使用 Google、Yahoo、MSN 等英文版搜索引擎；②确认所搜索到的语句来自英美等英语本族语者的网页或网站；③注意所搜索到的语句的使用频度。之后，如何搜索英文成为关键。通常运用搜索引擎是为了验证词法和句法，因此必须学会设想句型和词的搭配方式。此外，还要学会运用搜索引擎的逻辑语句，或者进行高级搜索。比如将所搜索的语句加上引号，定义搜索，等等，这些都是使用搜索引擎必须掌握的基本技巧。

在线词典的使用。使用搜索引擎便于句法和词法的习得内化，而用词的准确和恰到好处还需要词汇量的扩充和词义的辨析。在线词典，尤其是英英注释的在线词典为博客空间写作提供了便利，这方面的词典很多，比如 Answers、The Free Dictionary、Dict.cn 等。与教师苦口婆心地向学生推介牛津词典或朗文词典不同的是，在线词典大都免费使用且具有比纸质词典词汇量更大、词汇更新更快等特点，在互联网已经普及的背景下，师生应合理使用在线词典。

然而，事实上，学生真正利用互联网进行学习的比例明显偏低，网络游戏、娱乐八卦和交友聊天仍然是主要的诱惑，而主观原因在于学生普遍自我控制力较差，学习目的性不强。这正是中国高校学生大部分仍然处于网络运用的初级阶段的体现。有持反对观点者认为在教学过程中不必使用互联网，应该对网络娱乐网站及即时通信工具进行拦截屏蔽。结果往往造成学生的逆反心理，不利于学生的良性发展。因而，鼓励教育工作者和学生深入认识互联网这一国际化、全球化学习工具，培养学生网络英语阅读、评论、写作的习惯成为当务之急。

第四节 教育信息技术下，以"互联网+"助推高校英语教学改革

网络信息技术是全球信息技术和经济发展的主流，以在线服务和各种网络媒介技术为核心的信息技术已成为人类社会发展不可或缺的赖以生存的工具，正铺天盖地地影响着我们所有人的生活模式和学习模式。随着"互联网+"概念的提出，网络与教育不断融合，在当代高校语言教育教学方面，网络多媒体媒介与高校语言教学相互结合，产生了如慕课（MOOC）、微课、翻转课堂这样打破传统课堂授课方式的新式授课形式。这既是对传统的课题授课的一种新挑战，也是网络媒介时代高校英语教学改革的重要机遇。

一、"互联网+"提出的时代背景

（一）"互联网+"时代的发展

2015年的政府工作报告中首次提出"互联网+"，该计划的重点是将互联网媒介与各种传统产业融合，进而开拓传统产业发展新方向，创造培育崭新的新行业。"互联网+教育"就是将网络媒介与各级教育相结合，将网络各种媒介应用到各级各类教育教学的课上和课下，从而提升教育教学效果，提升学生学习兴趣。

（二）深化高校英语教学改革的必然性

当前，处于"互联网+"的时代，各类手机软件的广泛应用，使得大学生沉迷于智能手机。摆在教师面前的难题是怎样使出浑身解数让大学生从低头玩手机到抬头学知识。针对高校英语课堂教学在信息技术时代冲击中

面临的问题，探讨如何利用信息技术，如何利用互联网软件构建新的高校英语课堂教学模式，提升大学生的"抬头率"，迫在眉睫。对此，高校应该充分运用信息互联网技术尤其是各类学习软件与高校英语课程教学的有机结合，构建新型高校英语教学网络学习平台。

二、以"互联网+"助推高校英语教学改革

（一）借助互联网技术，设置问题情境

高校英语教学活动中，教师应该更新教学思维，转换教学模式，将现代网络信息平台与高校英语教学活动相结合，关注学生综合能力的发展，引导学生形成一定的英语思维。在高校英语教学活动中，教师可以巧妙地借助信息技术，巧设疑问情境，创造良好的教学环境，使学生能够将英语知识与实际社会需求联系起来，模拟英语学习仿真情境，使学生感受到真实的语言运用环境，感受到英语学习的真正用途与乐趣。如在指导大学生学习 Heroes among us 这一篇文章中，教师可以先让学生看几张英雄的图片，再通过"Who is the hero among us?"等话语引导学生积极回答，诱发学生积极表达自己的想法，营造轻松和谐的课堂学习氛围，然后教师再通过"Today, we will discuss the activities we can do to be a good person."等话语引导学生成为对他人、对社会有用之人，为学生以后走入社会，成为有益于他人的人奠定良好的基础。

（二）借助互联网技术，提升学习质量

在当前的高校英语课堂教学活动中，教师应该由"教学讲授"转变为"教学引导"，发展大学生在英语课堂教学中的主体地位。在高校英语教学

活动中，教师可以利用互联网中各类学习软件和学习平台，诱发学生学习兴趣的同时，提升学生学习效率，帮助学生真正学会应用英语，让学生在学好基础语言知识的同时，还能自如地运用英语解决实际问题。例如，在学习 American Culture 这主题时，教师可以借助多媒体等信息技术，为学生展现美国多种文化特色，学生可以借助视频等多种形式不断深入到美国文化中。

（三）借助互联网技术，拓展教学内容

互联网技术为高校教学提供了良好的教学新启示，拓宽了高校英语教与学的途径，搭建起高校英语教学互联网助力新模型。新时期，英语教师需要不断地提升自身的专业知识和技能，灵活使用各类互联网新技术实现辅助英语教学工作，拓宽学生的英语学习眼界，关注学生实际语言运用技能的培养，以及国际视野思维和创新思维的培养。另外，高校英语教师也可以结合各个专业，把专业知识融入英语学习中，同时创设活动，模拟实际语言运用情境，让学生能够将所学习的知识与实际的语言运用活动相结合。例如，银行、金融、国际贸易等专业的学生，英语教师可以开设商务谈判活动，利用互联网资料，先是给学生播放一些金融业等的商务活动场景，而后开设专场课堂，模拟银行、商务及各类贸易活动，练习英语语言的实际运用，为学生未来的岗位工作和自身的发展奠定良好的基础。

总之，"互联网+"的各类网络学习软件和平台与高校英语教学的融合，构建出英语教学新模式。它打破了传统旧式教学形式对学生的约束和对教师教学的拘束，同时也填补了传统教学过程中课堂环境的单一模式。更重要的是，它重塑了高校英语教学中的师生教与学的新思维，"互联网+"各

种网络平台媒介与高校英语教学有机融合,产生了巨大的磁性,吸引了大学生的关注,贴近大学生思维,接近现代大学生的学习模式,为"互联网+语言教学"新教育模式全面展开铺设了光明的前景。

互联网技术的应用带来了高校英语教学新启示。信息技术背景下,高校教师完全可以借助互联网技术,巧设教学情境;借助各类平台,开展学习交流,开阔教学视野,全面升级大学英语传统教学活动中单一教师授课的乏味局面,搭建大学生英语学习新平台,使大学生能够真正感受到学习英语的用途和价值所在,并在和谐的氛围中提升自身的英语实践应用能力。

第五节 信息技术与教育深度融合观下的英语公共演讲教学

一、国内外公共英语演讲课程教学综述

演讲一直被视为表达思想与民主的形式,又因 20 世纪以来高等教育发展的学科专门化和多样化,演讲课程迎来了复兴。例如,在美国,演讲是各大学三大必修基础课之一,演讲系、传播系已跻身高校教育体制内,涌现出了大批演讲学学术研究的论著和教材。其中,被誉为"英语演讲教学之父"的美国威斯康星大学麦迪逊分校 Stephen E. Lucas 教授撰写的《演讲的艺术》(The Art of Public Speaking)高居十大教科书之首,其课程设计包括演讲稿写作、演讲陈述、经典演讲分析、学生演讲案例分析、理论测试、演讲实践操作指南、演讲经典案例视频资料、学生演讲对比视频资料

等，配套光盘内容充实、信息量大、结构严谨。可见，英语国家的英语演讲教学有着近两个世纪的教学史，演讲课程具有体系化、完备化的特点。

相比于国外的英语公共演讲教学，国内的课程研究起步较晚。北京大学早期曾在英语专业开设演讲辩论课。近年来，随着专业课程建设，英语演讲教学在中国的高校中逐渐受到重视。根据周青统计，自2008年以来，我国的英语演讲课程数量逐年增多，且多为人文素质选修课。中央电视台与外研社举办的"CCTV杯"英语演讲大赛和中国日报社举办的"21世纪杯"英语演讲大赛两大主流演讲赛事以及随之开展的论坛、工作坊等学术教研活动，有力地推动了我国高校英语演讲课程的建设。四川大学外国语学院、中国传媒大学、上海外国语大学等高校已在英语演讲教学和课程建设方面取得了优异的成绩。然而，大多数普通高校的英语演讲课程仍处于起步阶段，面临着诸多问题，如作为专业选修课课时不超过每学期30学时，班额在50~200人不等，教学手段单一，师资力量有限，学生语言能力薄弱，缺乏系统的课程设计、评价手段，等等。

二、信息技术与教育深度融合观

在国外，美国、日本、印度等国较早地开展了教育信息化项目，典型的研究案例有新加坡、美国和英国。新加坡政府早在1997年就已经认识到了教育应走信息化发展之路，相继出台了Master-Plan1和Master-Plan2规划，并取得了成功。自2000年起，美国高等教育信息化专业组织就对美国高等教育信息化十大战略开展了年度调查。一系列的调查报告显示了美国高等教育信息化近十年的发展历程及未来发展趋势。在英国，Hewlett基金会与英国开放大学于2005年启动了开放创新项目（Open Content Initiative），将英国开放大学优质的教学资源免费开放共享，并于次年10月，推出了OpenLearn网站。

在国内，教育学界专家学者对信息化与课程的整合、信息化与教育的深度融合进行了深入的讨论。何克抗从"如何认识统领《教育信息化十年发展规划》（2011—2020年）制定和实施的'总纲'的重大意义"以及"如何理解'信息技术与教育深度融合'的确切内涵"这两个方面做了深入的思考；特别是对本"规划"首次提出"深度融合"观念的特定背景及其确切内涵作了较中肯的剖析和解读。焦建利认为："单独地改变课程或专业并不能顺应时代和技术发展的需求。所以必须从培养目标、教师专业发展以及课程评价等各个环节和要素出发，进行系统的整体配套改革，才能把课程和专业改革落到实处。"杨宗凯在分析了我国教育信息化的现状、现实困难后，提出教育信息化未来十年的发展展望。相对于理论研究而言，真正来源于教学一线的"深度融合"的研究很少，而针对英语课堂结构变革的文章几乎没有。

三、公共英语演讲课程在融合观下的课程变革

我国的英语演讲课程与西方英语国家的演讲课程不同，是一门实践性强的英语语言技能课，它的主要目的是提高学生的语言交际能力、逻辑思维能力、书面表达能力，培养学生的思辨意识和公民意识。牡丹江师范学院公共演讲教学团队将信息技术与课程教学深度融合，开展有技术支持的英语演讲课程建设，使公共演讲课从教学资源、教学模式、评估手段等方

面得到了变革。

（一）丰富实用的教学资源

公共英语演讲课程采用的教材是由 Stephen E. Lucas 教授撰写的《演讲的艺术》（第十版）。以该教材为核心，教学团队还将外研社出版的《英语演讲选评 100 篇》、清华大学出版社出版的《英语演讲艺术》、高等教育出版社出版的《英语公共演讲教程》等作为辅助教材；制订授课计划时不拘泥于教材体系，而是结合教学大纲、课时、学生语言水平和专业特点等选取章节，突出重点。如解说类演讲（informative speech）是一种告知、讲解、说明某个事物、事件或过程的演讲形式，是学生在日常沟通和职场中经常使用的一项技能。因此，在教学设计中将这一部分确定为总课时的30%。针对这一项内容，授课教师设计了商务面试、商务谈判、酒店前台接待、空乘人员解说、产品推介、记者招待会发言与翻译、导游词解说等演讲训练科目，并陆续丰富教学资源库，通过英语学习网、TED、国际名校公开课等下载相关的教学视频，或从影视作品中截取视频，制作成教学课件，与课程理论和学生的研究实践相辅相成。

上述的一系列措施破除了"一本教材"独霸课堂教学的壁垒，实现了由单一教材向"一套教材为核心，多套教材为辅助，信息化资源做后备支持"的变革，转变了教学媒体在课堂教学中的地位，在参与课堂教学的过程中，从单纯的"教学工具"革新，转变为具有辅助"学""教""督""评"等多重功能和任务的参与式媒介。

（二）灵活多面的教学模式

通过对信息技术与英语公共演讲教学深度融合的实践研究，探索出网络信息化环境下课堂教学的新模式。从根本上改变了"以教师为中心"、学生只是沉默的"他者"的现状，改变了教学内容一成不变的局面，信息技术由幕后渗透到演讲教学的各个环节。

演讲课程的理论部分主要由教师讲解和演讲实例分析两部分构成。通过对成功演讲案例和失败演讲案例的对比分析，夯实学生对理论的理解。实践环节包括演讲陈述和演讲稿写作。授课教师制定《演讲稿写作作业评分标准》，与教学进度同步，学生须按时在网上提交电子稿，教师给出最终的成绩；同时，提交演讲纸质稿，供教师书面反馈。

（三）科学合理的评估手段

2013年起，牡丹江师范学院率先在国内开展了全过程考核的课程改革。全过程考核从学业评价的角度对教材、教师、学生进行了全新的整合，与传统的形成性评价和终结性评价不同，在期末教师可以依照学期初制定的"考核方案"，对学生一学期的表现作出综合评价，学校不再另行组织期末考试。可见，对学生的成绩评定贯穿教学的始终，这消除了以往"一锤定音"的考试弊端，使师生更加注重每一堂课、每一次任务的完成效果，有利于教师不断调整教学内容。公共英语演讲课程是一门理论与实践相结合的课程，其课程性质和特点决定了其更适合采用这种全过程的考核方式。

公共英语演讲在实现全过程考核后，教师及时反馈教学效果，适时调整教学节奏、微调教学内容。由于学生的英语水平和语言表现力存在差异，因此在进行演讲训练时不能搞"一刀切"。如在完成规定的写作指标后，学有余力或热爱公共演讲的学生可以得到额外的演讲任务，如"Should private cars be discouraged in China?""College Graduate Job Hunting"等命题演讲。

信息技术与公共英语演讲的课程教学融合的常态化是最终的教学目标。从课程设计、教材编写、素材搜集到课堂教学、作业的上传及批阅，从考试评估手段到师生课下的微信交流和资源分享，都体现了信息技术正潜移默化地融入常规英语教学中。实现常态化，做到信息技术与公共英语演讲课程的深度融合，还需努力。一方面，教学团队应继续完善教学环节，加强课程建设。另一方面，要有一批英语能力强、技术水平过硬的技术团队作为智力支持；加强硬件建设，增加教学教辅软件的配置；积极开展面向一线教师的技术培训，并保持与技术研发人员的沟通反馈。

第三章 大学英语教学理论研究

第一节 慕课与大学英语教学

MOOC,大规模开放在线课程(Massive Open Online Courses),是开放教育的新型教育模式,是目前主要的开放式免费教育资源,相比传统在线教育,它主要表现为高品质的大规模参与,慕课的出现为传统大学的教学发展与现代技术的融合创造了无限前景和机遇。

一、慕课简介

MOOC 这个概念最早是在 2008 年提出的。2008 年 1 月,加拿大里贾纳大学的 Alec Couros 教授开设了 Social Media and Open Education 网络课程,并邀请全世界专家远程参与教学。2012 年是 MOOC 迅猛发展的一年,斯坦福大学的 Coursera 和 Udacity 以及麻省理工学院的 edX 成为 MOOC 的三大运营机构。任何人都可以免费注册他们的在线课程,这三大机构致力于使任何人在任何时间、任何地点都可以自主学习。我国高校加入慕课队伍是在 2012 年的 2 月,香港中文大学是第一个在 Coursera 上授课的中国高校,2012 年 5 月北京大学、清华大学、香港科技大学正式加入 edX,随后又有更多的中国高校加入三大慕课运营机构。

目前慕课主要有两种类型：cMOOC 和 xMOOC。其中 cMOOC 关注知识的创造和生成，将分布在世界各地的授课者和学习者通过某一个共同的话题或主题联系起来，学习者通过交流和协作，构建学习网络，建构知识。xMOOC 的建立基于行为主义学习理论，其核心理论为 Skinner 操作性条件反射学习，该理论把知识看作是一些特定的反应组合，认为人类的大多数学习，强化是形成操作性条件反射的重要手段，教学就是安排可能发生的强化实践以促进学习。简而言之 cMOOC 强调创造自主学习、沟通与交流，xMOOC 强调传统教学理念和过程。如果从操作角度分析两种慕课类型：cMOOC 均为单门课程，可以由教师个人组织实施，大学以及其他教育机构不参与；而 xMOOC 是在平台基础上运营，每个平台的课程数量不等，通常与知名高校或者商业机构合作，以商业化公司形式运营。

二、慕课对优化大学英语教学的帮助

教育部在大学英语的课程要求中提出大学英语是以英语教学理论为指导，以英语语言知识与应用技能、跨文化交际和学习策略为主要内容，并集多种教学模式和手段为一体的教学体系。依据这一指导思想，大学英语课程的授课内容可以分为三个主要方面：第一，英语语言相关知识，词汇、语法、阅读、写作；第二，英语应用技能，口头表达、听力理解、翻译；第三，跨文化交际和学习策略。但是在传统教学模式下，这些能力都需要通过课本中的课文和习题实现。有的学校硬件设施较好，大学英语课堂有一部分课程可以在语音室进行。但是随着大学持续扩招，大学英语自然班人数增加，各种语言实际应用能力通过大课堂实现的可能性越来越低，产生了大批高分低能学生。考试成绩好，但实际语言应用能力差。跨文化交际能力由于不涉及大学英语四六级考察通常都流于形式。

慕课的优势在于每一段视频都是经过集体反复精心打磨的，极大提高了课堂效率，每位教师都有自己的优势与不足，借助慕课资源中英语相关内容的视频资料，可以扬长避短，大大提高课堂输入的高效性。课堂教学的优势在于师生之间的互动，但大学英语课堂教学受时间和空间的限制比较大，学生来自不同专业必须在同一时间接受大学英语教学。除此之外，学生水平的差距也导致了课堂教学进程的不一致性。但是这个问题可以借由慕课里的学习资源得到缓解。学生可以根据自己的水平选择不同难度的视频在线自学，力图达到课堂教学要求基本一致的水准。另外，线上反复收看学习也极大提高了学生的自主学习能力。传统教学方式与内容无法满足自主学习的需求，慕课的免费资源解决了这一问题。

慕课是一种全新的教学体验，结合信息技术的高度发展，慕课极大提高了课堂教学输入的有效性，也调动了学生的学习积极性。英语教学技术化、电气化、计算机化对英语教师的语言能力提出了新挑战，传统的一言堂或填鸭式教学已经远远不能满足学生的课堂需求。此外，如何保证课堂教学内容与课外线上学习内容的相辅相成也是一个挑战，毕竟主要依靠自觉的线上学习，缺乏监管以及有效的学习效果评估还是对大学英语教学产生了难以回避的障碍。完善监督检查评估模式是保证慕课与课堂教学统一的有力保障。

第二节　翻转课堂与大学英语教学

　　翻转课堂是一种颠覆传统教学的新兴教学模式。2011 年，美国可汗学院创始人——萨尔曼·可汗将其教学影片放到网上，此举迅速蔓延，从家庭走进学校，甚至"翻转"了课堂，使翻转课堂成为研究热点。超星发现系统统计数据显示，以"翻转课堂"为关键词的文献数量自 2011 年以来呈上升趋势，其中 2013~2016 年呈现大幅增长，这反映出翻转课堂的蓬勃发展势头。

　　关于翻转课堂的应用领域，数据表明，STEM（科学、技术、工程和数学）等传统上依赖讲课的学科最早采用翻转课堂，对其研究最密集。其中，科学（9.04%）、计算机科学（17.2%）、技术（12.3%）和社会科学（11.1%）占比较大，而语言教学方面的研究仅占 0.5%。因此，本节将简要介绍翻转课堂的概念及相关理论，并在现有研究的基础上，探究将翻转课堂应用于大学英语教学的可能性。

一、什么是翻转课堂

　　翻转课堂起源于美国两名化学教师——纳森·伯格曼和亚伦·萨姆斯。尽管翻转课堂得到了研究者的广泛关注，但学者们对其定义未达成一致。Lage 等简单地定义道："翻转课堂，即将传统课堂内部发生的事情放到课下做，而把传统课下做的放到课上做。" Bishop 等认为，翻转课堂是一种教学技巧，由两部分组成——课堂上的互动小组活动和课下的直接性个人计算机授课。该定义将没有采用视频的课堂设计排除在翻转课堂之外，未免有点狭隘。本节采用的是 Hung 综合 Garrison 和 Vaughan, Khan 和 Tucker 的观点给出的定义：翻转课堂是一种颠倒传统课堂典型教学活动顺序，并辅以教学视频的混合式教学法。具体而言，传统课堂上的讲课内容通过给学生发放短视频等课下学习资料，让学生自学完成；课上，互动活动和深度讨论取代了传统的讲课。该定义既考虑到了教学活动的安排顺序，也考虑到了教学形式，比较全面。

二、翻转课堂的特征

（一）颠倒的课堂结构

翻转课堂翻转的主要是教学活动顺序。翻转课堂将传统课堂的"课堂讲解+课后作业"颠倒为"课前学习+课堂研究"，教学顺序由传统课堂的先教后学变为先学后教，课堂教学形式由传统课堂的讲课变为同伴学习、小组学习等多种多样的探究式学习。翻转课堂的课堂活动也由传统的讲课变为案例展示、分组讨论、专题讨论、专家引导讨论、角色扮演、学生演示和辩论等新式教学形式。这样，整个教学流程就变为"课前学生深度自学—课中课堂讨论—课中教师指点及评价反馈—课后学生总结完善"，学生成为整个学习流程的主角，真正做到了自主学习。

（二）丰富多样的教学资料和设备

翻转课堂是随着计算机和信息技术的发展而出现的，也正是借着现代技术和先进设备，翻转课堂才得以发展和流行。目前，翻转课堂课前准备用到的教学资料有讲解视频、剪辑视频、网络数据库中的互动学习视频、注释、课前读物等，而教学设备除了一般课堂配备的投影仪外，还要用智能手机、平板电脑、自动辅导系统等来完成教学评测和即时反馈。这对传统课堂而言是革命性的。

（三）全新的师生角色

翻转课堂在翻转了课堂顺序的同时，也改变了师生角色。

首先，在翻转课堂中，教师由传统的讲台上的权威——讲授者，成为学生自主学习的指导者和促进者。学生真正回到了学习的中心，成为课堂的主体和知识的构建者；而教师的主导地位也并未因此削弱，反而加强了。翻转后的课堂活动更加多样，因此，教师必须掌握一定的课堂活动组织策略，保证小组学习、同伴学习、讨论辩论和成果展示等活动的顺利进行。另外，教师还由教学内容的传递者转变为视频资源的设计者、开发者以及相关教学资源的提供者。翻转课堂要求教师在课前给学生提供必要的学习资料，如知识讲解的教学视频、教学课件、其他网络资源链接等，以便学生完成课前自学。因此，教师成了学生便捷地获取资源、利用资源、处理信息、应用知识到真实情境中的脚手架。

其次，在翻转课堂教学模式下，学生也由传统课堂上的被动听课转变为主动学习。课前，拿到学习资料后，学生可以自主安排学习时间、学习地点，选择适合自己的学习进度，从而成为"自定步调的学习者"。由此，学生开始创造知识，由知识的消费者变成生产者，用自己的"学"取代传统课堂上教师的"教"。

三、翻转课堂在大学英语课堂上实施的有利条件

（一）大学课堂的课堂时间少，课余时间多

与中学密集的课程安排不同，大学课程安排比较稀疏：大学英语每周为 1~2 次课，2~4 个学时。大学英语课堂时间少，教师可发挥的余地不大。相反，学生自己拥有大量的课外时间可以自行支配，这比较适合需要大量课外时间进行深度学习课前资料的翻转课堂。

（二）高校教师综合能力较强，可以驾驭翻转课堂

首先，与中小学教师相比，高校教师学历更高，一般都为硕士研究生以上，创新意识强，容易接受新事物。其次，高校教师具备丰富的知识储备和较好的逻辑能力，能运用计算机技术及其他智能技术设计课前资料，做好充分的课前准备。此外，高校教师还具备一定的科研能力，可以在探究式的大学英语课堂上引导学生进行学术性学习，这样不仅可以吸收知识还能创造知识。

（三）大学生自主学习能力较强，能够独立完成课前学习

大学生心理上比较成熟，自觉性较好，具备良好的自主学习能力、表达能力和一定的研究能力，能够依靠小组合作或团队合作进行自主探究，发现问题并解决问题。因此，大学生能够接受以学生为主体进行知识创造式学习的翻转课堂。

四、翻转课堂应用于大学英语教学的尝试

现有研究表明，基于"微课""慕课"的翻转课堂可以提升教学效率，

但是，笔者建议，在实际的教学实践中要把握好度，要将"微课""慕课"的数量控制在一定的范围之内。

翻转课堂对提高学生的课堂表现具有促进作用。Altstaedter 在本科外语课堂上，通过系统探究式教学方法教授西班牙语，探究该课程提高学生对西班牙语和西班牙文化感知能力的方法。研究发现，基于探究式教学的翻转课堂是将文化学习纳入大学外语课程的可行方法。陈晓平研究翻转课堂在成人教育商务英语写作中的应用，发现翻转课堂不仅可以提高学生英语写作能力，缓解成人教育普遍存在的"工—学—家"的矛盾，还有利于营造自主与合作统一的学生文化和新型教师文化。

虽然翻转课堂教学模式对提高学生的课堂表现具有促进作用，但在第二外语教学中，翻转课堂只适合作为辅助的教学方法，不能自动促进学生学习，更不能取代教师的"教"和"学"。因为，"慕课"和"微课"的实质是"接受性学习"而不是"探究式学习"，与实际课堂相比，它们只是改变了教师讲课的时间和地点。如果作为主要的教学形式，翻转课堂只会加重学生的课后负担。而且，把"微课"直接用于课堂教学，会把生动活泼的师生互动变为单一的看视频，教师也不能做到"以学定教"。

本节基于国内外的翻转课堂研究，简要介绍了翻转课堂并探索了将其应用于大学英语教学的可能性。通过文献回顾与分析，笔者发现，翻转课堂作为一种创新性教学方式在未来教育发展中具有巨大的潜力。而且，翻转课堂并非如当前研究所示，大都应用于理工科课堂（科学、技术、工程、数学等），它同样可以应用于大学英语等文科课堂。不过，现有少量研究表明，翻转课堂只适合作为辅助的教学方法，目前还不适合作为主要的教学形式，否则会加重学生负担。对此，笔者建议未来加强实证研究，以期为翻转课堂的应用提供更多的证据。

第三节 ESP 与大学英语教学

在传统大学英语教学过程当中，教师过度重视英语的基本技能教授，而忽视了英语语言本身的功能。专门用途英语教学，又被称为 ESP，是根据学生对目标语言的特定需要，探索大学英语教学的新模式。本节主要讨论 ESP 教学法的内涵，ESP 教学法中教师的责任，以及 ESP 教学模式中的教学策略。

一、ESP 教学法的内涵

在 ESP 教学模式中，教师教授学生专门用途的英语内容；民英语、生存英语、酒店管理英语、空管航空英语都属于 ESP 英语学习范畴。在大学英语课堂中，由于学生的语言需求和语言学习目标十分具体，教师可以询问学生需要学习的语言类型，然后可以将核心语言知识点和学习需求的分析数据结合起来，以协作制定合理的教学大纲。教师使用 ESP 教学模式可以满足学生的具体语言学习需求，利用其所服务的学科，实施语言教学的基础方法和语言实践活动，以语法、词汇、语言结构、学习技巧、话语和体裁等语言因素为中心，实践适用于大学英语语言教学的活动。

ESP 教学法与传统教学法的不同是，它不限于教授学生需要学习的语言技能，在课堂中，教师没有按照任何预先设定的教学方法对学生进行教导，而是与特定的学科设计有关；在特定的教学情况下，大多数 ESP 课程都教授语言系统的基本知识，专注于 ESP 课程设计与教学，用于特定目的的语言化身。用于特定目的的英语（ESP）是作为第二语言或外语的英语的子集，并着重于某个职业或专业，如技术英语、科学英语、医疗专业英语、服务业英语、旅游英语等。

二、ESP 教学中的教师责任

在 ESP 教学中，教师可以利用自己的语言知识，运用可以适用于专门用途英语教学的教学技巧。此外，在题材领域方面，教师还可以寻找学科专家，在教学设计过程中，学习相关学科内容，取得教学帮助。作为大学英语教师，必须扮演很多角色，组织课程内容，制定学习目标，在课堂中建立积极的学习环境，并评估学生的学习进步。

组织课程内容方面，教师需要确定学生的英语学习目标，然后将其转化为流动时间的教学计划，教师的主要任务是选择、组织课程材料，进行教学设计，支持学生工作，并积极为学生提供学习进展的反馈。设定目标方面，教师需要在课堂学习中安排并树立学生的长期目标和短期目标、学生成绩目标、学生潜在知识为中心的课程设计目标等。创设学习环境方面，教师需要使用沟通技巧来调解课堂氛围。学生学习英语语言时，有机会与其他学生进行互动，使用目标语言。教师可以在课堂结构中，有效使用沟通技巧。在与学生的互动过程中，教师需要仔细聆听学生在说什么，通过问答的形式把理解的内容反馈给学生，教师应创造培养学生英语语言的课堂气氛，树立学生语言学习的自信心。

三、ESP 教学模式中的教学策略

ESP 教学模式中，教师需要对学生进行评价，帮助学生确定他们学习英语语言的问题，寻找解决办法，找出需要学生关注的语言技能，并负责选择相关重点，决定所学知识点的内容以及语言学习的方法。教师作为信息源，要帮助学生进行英语语言的学习。

教师需要确定学生的责任，使得学生清晰明了它们要面临的任务是什么，确认与学生特定利益相关的 ESP 课堂学习、学科知识，并建立良好的学习策略。教师需要要求学生在英语语言技能上，来发展、体现自己的语言知识和语言技能。

教师还需要培养学生的学习兴趣，帮助学生学习语言，为学生提供机会理解和发现有趣的英语语言内容。在这方面，教师可以利用 ESP 的有力手段，指导学生将学习英语作为他们工作努力的方向，发掘相关的语言内容，指导他们继续深造。

ESP 英语语言在英语课堂学习中的潜在能量是巨大的，教师教授学生新的语言技能，布置课堂任务，要求学生更快、更有效地进行学习。学生的 ESP 语言技能的提高，也使得他们英语基本技能的学习更加容易。教师应积极探索 ESP 在大学教学过程中的实践运用，将语言学习融入学生的生活中，不断扩大学生词汇量，在各自的领域中更加流畅地使用目标语言。

第四节　大学英语教学信息化的"协合"构建

　　随着信息技术的推进，微课、慕课、翻转课堂、U课堂、微信、课程网络平台、智能云空间等教育方式和技术媒介在教育界的应用也如火如荼地发展着。信息技术通过打破时空限制、利用网络虚拟课堂，使有限的课堂得到了无限的延展。教学资源也随之有了更多的表现形式，借助互联网环境，不断被教师和学生所利用。

　　大学英语教学，因学生和课程本身的特殊性，更体现了信息技术在其教学过程中的良性、有效融合与交互。正如《大学英语课程教学要求》（以下简称《课程要求》）中指出的那样："应大量使用先进的信息技术，开发和建设各种基于计算机和网络的课程，为学生提供良好的语言学习环境和条件。各高等学校应充分利用现代信息技术，采用基于计算机和课堂的英语教学模式，改进以教师讲授为主的单一教学模式。新的教学模式应以现代信息技术，特别是网络技术为支撑，使英语的教与学可以在一定程度上不受时间和地点的限制，朝着个性化和自主学习的方向发展。各高等学校应根据本校的条件和学生的英语水平，探索建立网络环境下的听说教学模式，直接在局域网或校园网上进行听说教学和训练。为实施新教学模式而研制的网络教学系统应涵盖教学、学习、反馈、管理的完整过程，包括学生学习和自评、教师授课、教师在线辅导、对学生学习和教师辅导的监控管理等模块，能随时记录、了解、检测学生的学习情况以及教师的教学与辅导情况，体现交互性和多媒体性，易于操作。各高等学校应选用优秀的教学软件，鼓励教师有效地使用网络、多媒体及其他教学资源。"

由此可见，现代信息技术的应用不仅改变着教学"双主"的认知方式和"教"与"学"的形态，也改变着教学各要素间的流通关系和方式。然而，目前的大学英语教学在与现代信息技术的交互过程中出现了一些新的问题，有待我们深入探讨、分析与研究。本节以大学英语教学信息化作为研究对象，从新历史主义代表人物斯蒂芬·格林布拉特（Stephen Greenblatt）的"协合"观出发，研究大学英语教学与信息技术融合交互的失衡现象，分析其原因，在"颠覆"和"抑制"的"协合"互动话语建构下，提出可能的改善和解决方案。

一、"颠覆"与"抑制"的"协合"观

受福柯后结构主义"权利论"的影响，斯蒂芬·格林布拉特认为，生活中存在的各种"社会能量"与福柯的"权利"一样，无所不在，相互融合，来自一切又溶于一切之中。其显示行迹既可以是有形的书本、事件，又可以是无形的话语、风气、氛围等。各种社会能量以听、说、看、心理、态度等形式，在文学文本与非文学文本间不断"流通"与"交换"，直至达到平衡，逐渐组建起整个社会的方向和体验。作家这一创作主体通过文本形式把这些流通交换着的社会能量传递给读者，与此同时，所创作出来的文学作品又反作用于社会，体现出创作主体的能动性和主体性。由此可见，文学作品是这些渗透一切、无所不在的"社会能量"协调的产物。这一创造性运作机制被斯蒂芬·格林布拉特定义为"协合"（negotiation），具有协商、融合、平衡等意义。

"颠覆"（subversion）和"抑制"（containment）是"协合"观的两种

主要功能,指作家平衡、协调社会能量的过程。在"协合"过程中,各方"社会能量"几经谈判,在"颠覆"和"抑制"的动态关系中融合平衡。"颠覆"是对占统治地位的主流社会意识形态的推翻,而"抑制"则是对颠覆力量的遏制。"颠覆"与"抑制"同时发生并不断变化,两者相互影响、相互制约,此消彼长又互为因果、互为存在。

如上所述,"颠覆"和"抑制"的互动"协合"观是作家通过文学作品平衡、协调社会能量的一种方式。同理,大学英语教学中也充斥着各种"社会能量",以不同的形式和形态进行流通与交换,并在"颠覆"与"抑制"的"协合"过程中螺旋上升,逐步实现了当下教学效果的最优化,且此"协合"过程永不停歇,推动了大学英语教学的前进与发展。以此为视角,宏观地去审视和透析大学英语整个教学过程的活动链,信息技术这一"社会能量"是如何与其他各方"社会能量"进行协商、谈判、交换的,并在此基础上,探寻如何能够更好地促使他们在"颠覆"与"抑制"这两种功能的动态关系中实现"协合"与平衡,从而实现大学英语教学信息化的有效建构。

二、大学英语教学信息化之"协合"路径

(一)发挥信息技术作为"颠覆"因素的主导作用

随着信息化教学改革的推进,传统的教学媒介、教学环境、教学模式、教学资源、教学理念在现代信息技术的"颠覆"性力量涌入大学英语教学后,一度"流通失衡",各教学因素和整个教学体系受到冲击。大学英语信息化教学改革经受着如上所述的传统教学原有主导力量的围困、反击和"抑

制"，其中，有管理者的求稳心态，有师生的落后观念和信息素养的匮乏，有教师的知行分离，有学生的旧习作祟，有环境的限制，有管理的缺乏，等等，这些传统的"抑制"力量汇集起来，牵制着现代信息技术的力量。目前，大学英语教学在信息化过程中所出现的问题是在"颠覆"和"抑制"的动态关系中形成的。

因此，如果增强信息技术的颠覆性主导地位，其他教学因素就会联动起来，教与学双方主体自然就会转变教学观念，摒弃传统旧习，自发提高信息素养，自主提高互动效应，使教学管理更加完善，教学环境、氛围和风气等教学客体也会随之而变。同时，信息技术作为颠覆性力量要持续投入，不断发挥其作为主导"颠覆"因素的引领作用，逐步使其常态化。只有当信息技术持续注入教学系统，师生持续学习并更新常态教学理念、提高信息素养、改变教学方式和固有习惯、适应新的教学环境，管理方持续监督执行，之前原有的失衡状态才能逐渐修复，重归新的平衡，最终取得真正的预期效用。

为达到这一新的平衡，首先，要在政策指引力度上推进大学英语教学信息化改革的进程，从形势上指引和敦促教育管理者和教育者思想意识的转变，使之认识到信息化改革的重要性、必要性和自发性。其次，对教育管理者、教师和学生开展多层次、多维度、多形式的信息素养培训，在技术和人文的双重层面促进各教学主体与信息技术的整合与流通。最后，为师生建立适宜的奖惩机制、评估方式和管理规章制度，提高师生的积极性和趋同心理效应，发挥信息技术的"颠覆性"引领作用。

（二）有效控制课堂系统中的"抑制"因素

大学英语信息化教学中的"抑制"因素不仅是指限制教学发展的传统的旧的教学观念、教学模式、教学环境和教学管理体制，还包括因教师在运用信息技术过程中使用不当而产生的"抑制"效果。信息技术在大学英语教学过程中的应用存在低值使用技术、过度使用技术和滥用技术三种问题。这些不当应用无疑对教学系统的平衡和教学效果都产生了一定的负面影响和比较严重的"抑制"效果。

当然，如信息技术的使用一样，传统的教学方法也并不都是阻碍教学生产力发展的，有些也是需要保留和更新的，关键是度和量的问题。在班级规模、网络资源、媒体课件、教学内容、网络学习时间、学生课堂自主探寻时间、教师讲授时间等各方面都要达到适度和适量。超越或者不足的度和量都会演变成"抑制"力量，造成教学系统的某种失调和失衡。因此，有效控制课堂教学系统中的"抑制"力量就是审时度势地运用传统的和新式的教学因素。

（三）重塑互动对话、协同流通的课堂交往

大学英语信息化教学重视系统中教师与学生、教师与教师、学生与学生的多元交互。在这一系统中，师生都身兼三职：生产者、消费者和分解者。正如格林布拉特所表明的那样，作家在文本创作中的主体性、主体能动性，受社会因素影响，同时又通过写作作用于社会。教师是生产者的同时，也是消费者和分解者。学生亦然，他们也是生产者，是教学的主体，有很大的能动性。只有充分发挥师生的三职角色，重塑互动对话、协同流通的课堂交往，教学系统内部能量才能不断顺畅流通。

重塑互动对话的课堂交往，搭建信息网络平台，加强主体间和主客间的良好互动，这对课堂教学系统的内部结构、课堂教学的物理环境和人文环境都有一定的要求。教师和学生的角色（身兼知识的生产者、知识的消费者和知识的分解者三重角色）、网络信息技术、教学内容的择取与表现形式、教学方式、教学设备、座位编排、平等友好的师生关系、和谐向上的教学氛围等合力，为构建良性课堂互动对话提供了必要的基础保障、物质动力和重要保证。

重塑协同流通的课堂交往，保证课堂系统中各因素、能量和信息交换流通通畅。吴鼎福、诸文蔚认为，如交换流通渠道较单一且单向流动，信息流就会堵塞或中断，则效果降减。就课堂中的信息流通（知识传递）来说，从教师到学生的传递过程一般会降减，如信息流通遭受阻碍，则降减速度加快。因此，要扩大各主体信息源，并在信息流通过程中充分利用现代信息技术，以减少信息流通中的阻碍程度，促使信息流通效能最大化。就教学双主而言，双方主体、教材、网络资源、学生间、教学软件等皆是信息源，双方通过沟通交互，协同合作，获取充足的信息知识，创建协同流通的课堂交往。

三、大学英语教学信息化建构的具体策略

（一）优化"软硬件"设施建设

首先是硬件建设。台式计算机、投影机、电子屏幕、影碟机、录像机、话筒和音箱等构成了普通高等院校多媒体教室的基础设备系统。这些设备除了需要大量的资金投入，还需要不断的技术更新和完善。因此，在配备

这些基础设施的同时，学校还需要重视对硬件设备的定期维护、检查、更新和完善，从而避免因硬件设备频出问题而影响了教师运用多媒体教学的信心。

其次是软件建设。如果说硬件设备是表，那么软件设施是里。卫岭认为，多媒体英语教学软件建构要强调适应性、趣味性、激励性、交互性、渐进性这五个原则。有效的教学软件的制作绝不是以一方之力就可以完成的，而是由一线教师、教育专家和软件开发师三方团体通过分工合作来共同设计、开发和制作的。一线教师负责素材和信息源的整理与择取，教育专家负责审核、设计信息内容的度量和安排，软件开发师负责利用技术手段最大可能地优化资源，以实现预期设想。

（二）加强主体建设

1.提高师生对"双主"教学模式的认识

"双主"模式是双向发挥教师的主导作用和学生的主体作用，即对"以教师为中心"和"以学生为中心"两者取其精华，弃其糟粕，两者皆不可偏颇。"传递—接受"式教学方式与人机交互、人人交互等教学方式相融合，不仅能充分发挥教师的主导作用，而且能让学生有机会学会和积累自我探寻、自我发现、自主监控、自我分析、自我思索的能力和经验，从而形成一种新型的稳定的教学模式。

教师主导主要体现在作用上：①教师需要体验如何利用计算机的优势去获取新知识，体验学生在学习活动中可能会遇到的问题和挫折，只有这样才能更有效地指导学生。②除了基本的计算机操作和应用，教师还需要对计算机的基本功能（如数据库功能）有一定的认识，例如熟练掌握数据库中如何"对数据进行分类、匹配、查找、分组",为自身的后期归整工作奠定技术基础。③勤于网络教学平台的管理。教师利用网络教学系统的交互功能,在布置任务、回答问题、查看记录、批阅作业、查询进度等各环节都时刻与学生保持交互。④制定并严格执行适合学生情况的网络学习规定。如果教师制定相关自主学习的规章制度,定期上网认真管理,奖惩分明,与学生保持互动,则学生自主学习的意识和能力就会逐渐加强,教学效果就会提升。

学生主体主要体现在学习方法上。信息技术与英语课程的有效融合与交互,最根本的是促使学生主动认知、主动建构。首先,学生要投入到学习环境中去,以小组为单位,通过合作和讨论等方式将知识应用于实践。其次,学生要承担起探寻者和研究者的角色。信息化技术与大学英语整合的教学结构不仅要求学生学习知识信息,更要求学生由问题和任务出发,利用一些信息技术去查询和研究解决方案,进行有意义的知识构建。最后,学生还要有相应的技术能力。熟练掌握诸如word文档、Excel表格、PPT演示文稿、网络搜索引擎、数据库等计算机常用的技术工具。

2.提高师生的信息素养

如上所述,教师的主导作用和学生的主体作用都要以一定的技术能力和信息素养为基础,方能更好地实现信息化时代下大学英语双主教学模式,方能真正推进双主教学模式有效进行。

第一,提高教师的信息技术能力和理论素养。首先,要加强对英语教师的信息技术培训。安排固定时间,通过网络培训、软件培训、实践训练等方式,切切实实地帮助教师掌握诸如利用网络教学平台构建课程体系的方法、具体操作步骤与管理措施，利用现代信息技术和网络互动平台、几何画板、概念图、Powerpoint、Frontpage、Camtasia、Crazy Talk 等相关软件工具进行微课、慕课、微型课堂、多样课件等的制作，在此过程中，逐步提升教师对信息的获取能力、处理能力、整理能力、沟通能力和研究能力，增强其使用信息技术进行教学的自信心，使其"能为和敢为"。其次，科学合理地制定信息化教学的激励政策。如激励教师参加各个层次的信息化英语教学大赛，并给予一定的物质奖励和荣誉肯定；认可并奖励教师用于网络教学、网络管理和网络交互的工作量，从而提高广大英语教师掌握信息技术并运用于日常教学中的主动性和积极性。最后，在对大学英语教师进行相关现代教育理念和培训之后，通过组织优秀教师信息化教学展示和视频学习，引导教师以座谈和讨论的方式分析教学展示和教学视频中教师所运用的教学方式，并要求教师阐述这一教学模式的具体理论背景和理论内涵，迫使教师自主查询和掌握相关理论知识，从而提高教师的理论素养。

第二，提高学生的信息技术能力和思想修养。首先，专设相关信息技术培训课程，教授学生一些最为实用的网络技术，教会学生利用信息技术对所需信息进行搜索、选择、分析、汇总的能力，培训学生如何进行网络自主学习，并在相关课堂中加强技术方面的实践，帮助学生掌握具体操作步骤和注意事项，使其"知其然"，从而让他们能够利用信息技术有效完成课程学习任务。其次，强调掌握信息技术进行网络自主学习的重要性，引导学生自愿地参与其中，使其"知其所以然"；同时，引导学生正确运用网络，自觉抵制不健康网页的毒害，培养正确的网络信息意识；加强监督和管理，督促学生诚实、高效地实施信息化学习行为和自我监控，提高学生的信息素养。

（三）构建多维互动的信息化教学环境

首先，要平衡构建多维互动的信息化英语课堂内部环境。如提前检查并调试信息化教学设备，提前根据教学内容和教学方法为学生分配组群及编排座位，为信息化课堂教学提供物质保障；构建平等互动的师生关系，努力营造轻松和谐的学习氛围，为信息化课堂教学提供情感保障；创设主体间（学生与学生，小组与小组）和主客间（师生与网络、教学内容、环境）课堂协同学习机制，为信息化课堂教学提供制度保障；设置启发性问题并鼓励学生在课堂上运用网络进行查询并探讨解答、利用 UMU 互动学习平台进行多维线上互动，为信息化课堂教学提供交互保障。总之，大学英语教师要营造积极互动的信息化学习氛围和多维互动的信息化英语课堂内部环境，促使信息化大学英语课堂内部各要素间更为有效的流通。

其次，要积极营造多维互动的信息化英语学习外部环境。鼓励学生运用各网络媒体模式和平台（微信、QQ、微博、百度等）进行知识探索，用英语分享学习心得、探讨热点话题、抒发感受，从而实现语言、信息网络、学生生活实际的深层交互；利用校内广播定时播放英语节目，引导学生参加诸如英语风采大赛、英语电影配音比赛、英语媒体设计大赛、英语文化长廊等实践活动，组织学生观看精选的英语电影、动画，乃至原版娱乐节目等，营造校园英语互动氛围，从而保障信息化英语学习的宽泛性和多维性。

总之，多维互动的信息化教学环境，不仅需要课堂内部环境的多向交互、合作、流通，也需要外部环境的有效配合、激励与促进，两者相互影响、相互构建。

（四）建立有效可行的质控与管理机制

首先，教学管理部门应出台相关教师管理办法。根据教师利用网络进行信息化教学和管理时所投入的时间和精力，对教师实行一定的奖惩策略，从制度上敦促教师必须接受此新型教学模式，从而提高教师参加信息化教学改革的积极性。比如，在教师评比时，把"是否积极研究和开展网络教学"作为一项重要指标加以参考，对于积极开展者通过制度的形式给予一定工作成绩的认可，而对于消极应对或未参与网络信息化教学改革的教师，给予一定形式的批评和惩罚。

其次，教师要出台关于学生网络学习的具体实施办法。从时间限定、纪律要求到奖惩细则、评估比例等，都制定出具体细则并严格执行，以提高学生对于信息化学习的重视度和自控力。

最后，学校要建立有效可行的质量监控系统。借助网络系统技术优势，对教师和学生利用网络进行教与学的数据实施统计与剖析，形成较为全面的质量考评模式。此系统不仅为教师督导学生提供数据信息，便于教师调整教学策略，而且为学校提供教师和学生在利用信息技术进行教与学过程中的信息对比，便于学校更加快速直接地了解师生使用信息技术的发展动态和实际效能。

综上所述，大学英语教学在其信息化的进程中，各个要素以及要素之间在"流通"过程中出现了一些影响预期教学效果的问题。本节结合大学英语信息化教学之困境和现状，借用新历史主义的"协合"观为主要理论导向，审视和透析大学英语教学在其整个信息化活动链中，如何超越现实问题，最大化地融合、协调和平衡大学英语信息化教学之主体、客体、主体间、主客间、客体间等各方"社会能量"，通过"协合"实现信息化教学效果最优化。具体策略包括学校对信息技术设备的建设与维护、对师生信息素养的培训与激励、对大学英语信息化教学大环境的缔造与支持、对师生网络教学与学习的管理与监控；教师对信息技术的学习与实践、对信息化教学改革的正确认知与坚持、对学生的人文关怀与情感交互、对信息技术的适度融合与有效利用、对学生信息技术能力的指引与培养、对学生信息素养的监督与管理、对课外英语学习氛围的营造与创建；学生对以往学习观念和习惯的改变与更新、对信息技术的学习与自主实践、对网络不健康内容的抵制与自控、对新型教学模式的配合与自主参与、对网络学习规定的遵守与执行。只有所有以上"社会能量"共同发力、协同流通，大学英语教学信息化之路才能顺利、高效、平衡发展。

第五节　微课与大学英语教学

随着经济全球化的发展，对英语教学提出了更高的要求。然而当下的大学英语课程教学，从课程的设置到课程内容的设计，均无法满足社会对于大学生英语水平的要求。比如，本科一、二年级每周开设一到三次英语课，但大学三、四年级则不再开设这门课程。于是很多学生发现自己在大学期间，英语水平不升反降。这种现象跟高校自身英语教学存在的问题有关。教师在教学方式上大部分还是采取单一的教学模式，主要体现在在讲台上以讲授为主，课堂气氛不活跃，完全没有体现学生学习的积极性、自主性和创造性。单一的听说读写的传统教学已经无法满足时代要求，要求大学英语教学改革的呼声日益高涨。

一、微课及其特点

微课一般也称之为微课程或者微型课程，是以视频为主要形式，以 PPT 等软件作为主要呈现方式，针对某一个知识点或者教学环节开展的一个相对完整的教学行为。其特点就是简短，时间控制在 10 分钟以内。内容上涵盖多元素，集教学设计、素材整理、任务布置等为一体。因此，不同于传统的教学模式，微课相对开放、形式多样，是利用多媒体技术辅助下的新型教学形态。上海师范大学黎加厚教授认为："微课程是在 10 分钟以内，有明确的教学目标，内容短小，集中说明一个小问题的课程。"北京外国语大学的文秋芳教授提出："微课是为了提高教与学的效率，教师就某个知识点或某种微技能开展的一般不超过 10 分钟，能够自成一体的教学活动。"根据这一特点，微课的时长一般应该控制在 5～10 分钟以内。教师应该深谙以上诸多特点，以便制作出合理高效的微课视频。

二、大学英语教学推广微课的必要性

（一）符合社会和教育发展需要

由于科技发展的日新月异和生活节奏的加快，对于学生的专业技能和知识的要求也在不断提高。《国家中长期教育改革和发展规划纲要（2010—2020）》在第十九章提出："强化信息技术应用，提高教师应用信息技术水平，更新教学观念，改进教学方法，提高教学效果。鼓励学生利用信息手段主动学习、自主学习，增强运用信息技术分析解决问题能力，加快全民信息技术普及和应用"。在这个纲领下，大学教师在传授基本的专业知识与技能的同时，还要强化学生对于自主学习能力的培养，合理、充分地利用信息技术，注重信息技术与课堂教学的全面融合。因此，新媒体的利用，是对课堂教学实现的一个良好补充，微课这种形式符合这一需求。

（二）有助于培养学生的自主学习的意识和能力

微课教学颠覆了传统的教学模式。对于新知识的传授是学生在课余时间通过对载有教学内容和目标的视频的自主学习来完成的，知识的内化讲授则是在课堂上通过学生与学生之间，或者学生和教师之间的交流讨论等方式来完成的。微课教学学生享有充分的自主决定权，比如什么时候学、学什么以及怎么学等。微课视频中所涉及的教学任务，由于是学生自主选择的、感兴趣的内容，学生学习的积极性、主动性会得到极大程度的调动。与此同时，在学生主动探索、有选择地学习的行为过程中，"因材施教""因人施教"也得到了完美诠释。这种自主学习的意识的培养，为学生今后自学和发展奠定了基础，也很好地实现了"授之以渔"。

（三）优化课堂时间分配

微课的改革使得课堂时间的分配也发生了重大的变化。传统的课堂教学中，教师以讲授为主，由于学生水平参差不齐，课堂状态各异，学生对于授课内容吸收的情况也各不相同，使得课堂的讨论、提问等环节往往让教师力不从心。然而有了微课配合教学之后，原本需要在课堂上讲授的内容，很多可以课前分配到学生手里，这样课堂上的交互也有了前提，时间上也有了保障。微课通过将"预习时间"最大化来完成对教与学时间的延长，实现知识的深度内化，从而提高学习效率。

（四）提升教学效果

微课改革的推广打破了传统的课堂教学组织形式，提高了教学效果。传统的大学英语教学模式中，更多的是"填鸭式"的讲授知识，教师以口授或者 PPT 等形式讲解课本内外的语言背景知识等，或生动，或不生动，学生别无选择，只能被动地接受。由于学生先期的知识储备并不相同，理解力和接受能力也大相径庭，使课堂气氛沉闷，无法吸引全班同学积极参与，教学效果不尽如人意。微课以生动、形象的视频激发学生的兴趣，通过基础知识的先期传递，课堂上的互动也更为顺畅，学生的主动参与的欲望也被调动起来，有利于活跃课堂气氛，体现了教师的主导地位和学生的主体地位，课堂效果大幅提升。

第六节　基于需求分析的大学英语课程教学

大学英语课程模式及教学内容相对于学生个人需求和社会需求而言比较滞后，其生存空间受到比较严峻的挑战。大学英语的转型发展和改革路径应当基于需求分析，把课程设置与学生个人需求和未来职业英语能力需求结合起来，把语言教学与专业知识结合起来，以内容为依托，逐渐向特殊用途英语和专业英语转变；以需求为导向，开设多样化后续课程，逐步建立起适合各高校自身专业特色的大学英语应用型课程群。

一、基于需求分析推动大学英语教学的必要性

　　随着我国高等教育大众化程度不断提高，高校办学形式以及人才培养模式呈现出明显的多层次性。一方面，在大力培养学术科研型人才的同时，本科应用型人才以及专业硕士等的培养越来越多地得到教育界及产业界的关注和支持。但是，作为不同层次、各个专业公共课的大学英语，其处境多少有点尴尬。首先，大学英语摆脱不了其工具性的本质，在许多高校并没有被给予足够的重视；其次，大学英语被当成了"万金油"，似乎只要学了大学英语，毕业生就能够通过英语解决所有专业问题，否则就是"英语无用论"。毫不讳言，作为GE的大学英语目前很难达到这样的效果。显然，这种观点过于极端和偏颇。在部分学者主张削减大学英语课甚至取消大学英语课的同时，清华大学却在2012年把公共外语课程由0学分提高到了8学分，大学公共外语的重要性可见一斑。

　　另一方面，大学英语教学也的确应该"与时俱进"，逐步实现转型，不断适应社会及产业发展升级的客观需要，提高其有效性和适用性。因为"不同层次的高等教育，每个学科门类或每一个专业的学生将来就业方向、涉猎领域不同，对英语需求的程度也不一样"。大学英语课程设置和教学内容的单一性及四六级考试的导向作用与学生和不同行业的多元化需求相悖。Graddol曾预言"英语仅仅作为一门外语来学习的时代即将结束，学生需求的变化和市场经济的变化导致英语教学正在同传统的英语教学方法决裂"。

英语教学不能再搞传统的经院式学习,而应该基于学生需求和产业需求,逐步改革推进,实现与社会行业及地方区域经济对接。正如许多学者认为的,目前我国大学英语教学及课程设置正进入一个重要转型期,即由传统的、单纯的综合英语课向多元的"综合、技能、应用、文化、专业类大学英语课程群"转变。这个转型的有效实现,不仅需要先进的教学理念支撑,还需要各个高校结合其人才培养定位,根据学生的总体个人需求及社会行业需求来推进,深化大学英语教学的内涵和进一步拓展其外延。

二、基于需求分析的大学英语课程发展路径

一直以来,高校的大学英语教学在基础阶段以 GE 为主导,部分专业在高年级则直接进入专业英语的学习。这种教学架构导致了两个方面的问题:一是许多专业在接受了两年基础英语的重复教学后英语学习就此终结,英语能力缺乏后续发展,无论是从学生个人需求,还是从社会需求来看,都离实际需求存在很大距离;二是部分专业虽然学习了专业英语,但是其与专业相关的英语能力仍然没有得到应有的提高,英语能力和专业英语能力脱节现象较为突出。有学者认为认为各高校应当根据"大学生英语水平分层化以及学生英语学习需求多样化的现状,重视大学英语后续提高课程的开发和设计,加大专业英语课程的开设比例,努力构建一个更加科学完善,更能满足学生需求与双语教学需求的大学英语教学体系"。因此,基于学生个人需求和社会需求的大学英语课程和教学体系构建需要根据高校自身的人才培养目标来定位,从大学一年级就开始抓起,改善教学模式,改革基础阶段的课程设置,开发多样化的后续课程,最终形成适用、实用的大学

英语课程群。

（一）教学组织模式

张尧学指出，大学英语教学应考虑不同层次的学生将来对英语能力需求不同而在教学方面有所侧重，不能搞"一刀切"的做法。目前，大学英语在教学班级组织方面逐渐突破了以往以专业来划分班级的做法，越来越多地倾向于以英语起步水平来划分班级，要么根据高考英语成绩把学生分成不同等级，要么在新生入学后再组织一次分级考试来划分等级。入学成绩可以大致反映学生在学习基础、学习习惯及学习积极性方面的差异，这些差异导致学生对英语学习的不同需求。这种分级方法打破了按专业分班的局限，按照学生的英语基础水平来组织教学的模式在一定程度上体现了"因材施教"的要求，方便教师组织课堂教学，也在一定程度上满足了学生的个人需求，尤其是"学习能力差距"维度和"学习过程需求"维度的需求。

虽然这种按英语起步水平分层的教学模式针对不同层级选用了不同难度的教材进行教学，但是由于无法做到教材刚性内容方面的区分，所以实际上仍然只是针对英语基础能力的差异进行培养，而无法做到针对不同专业的倾向性，很难从英语的行业需求和社会需求这一更广层面上满足学生需求。所以，为了更好地满足学生需求，应该把按水平分层和按专业分层结合起来。按专业分层需要结合各专业学生毕业后可能从事的职业或者行业对英语的需求状况，采取以内容为依托的大学英语教学模式，选择适合的教学内容和英语能力培养侧重点开展针对性教学。按专业分层的关键在于做好对各专业相对应的行业的英语需求分析和调研。总之，从教学组织模式来看，可以对相同、相近专业贯彻同一个教学目标，在此前提下对不同英语基础的学生进行按水平分层分班教学，从而使教学更加有的放矢，尽量减少大学英语教学的盲目性，促进学生的学习积极性和有效性。

（二）课程组织模式

尽管高校近年来一直在推进大学英语教学改革，但是当前大学生对公共英语的学习兴趣并不是很高，大学生对英语的学习缺乏动力和懈怠的情况普遍存在，其原因主要在于英语教学内容的重复，大学英语教学耗时费力，但是效果不佳。显然，基于学生需求的大学英语教学转型已刻不容缓，而大学英语转型更重要的是在教学内容方面的转变。蔡基刚强调"大学英语必须定位在 ESP（专门用途英语），而非基础英语"，并指出，"企事业用人单位要求的大学毕业生英语水平不再是一般的听说读写能力，而是需要他们有一定的专门英语的能力"。大学英语教学必须重新审视其"大而全"的基础能力培养模式和教学内容单一性问题，应当根据学生需求和社会需求，从大学英语基础阶段抓起，对课程设置和教学内容进行细化和丰富，这已成为大学英语转型的必由之路。其转型发展可以从以下几个方面展开：

首先，加快基于校本的 ESP 教材的开发和编写。基于对社会需求的分析，一些学者认为大学英语教学应逐渐把课程重心转移到 ESP 才能培养出符合社会外语需求的人才。但是，目前外语界关于 ESP 的理论介绍和研究虽多，教材却寥寥无几，远远不能满足大学英语教学的发展形势和需要。ESP 教材的开发需要根据各高校专业培养目标和对应行业英语社会需求模型，如"工作中英语使用情况"维度、"英语水平自我评价"维度及"大学英语教学对社会需求的适用度"维度等开展和实施。唯其如此，才能使课程设置更加合理、适用。

其次，加强大学英语课程与专业英语课程的整合。章振邦指出，普通的基础英语教育应该在中学阶段完成，高校学生应该进入专业英语的学习。专业英语以各专业内容为依托，是为特定专业学科领域开设的英语课程，是大学英语基础阶段的深化与延伸；其核心目的是"语言学习，特别是学习与专业相关的词汇、句法及语篇等"。谷志忠强调，"专业英语是大学英语学习四年不断线的保证，更是提高21世纪大学生专业英语水平的关键"。大学英语应当在按专业分层教学的框架下，实现与各专业英语教学的衔接，避免缺乏刚性内容、过量的重复教学。还有一些学者强调"公共英语专业化"，用学科英语逐步代替综合英语作为大学英语的必修课。当然，其有效实现依赖于相应的大学英语教师的转型和培训。

最后，构建大学英语应用型课程群。目前，高校学生除了需要考研和留学深造的以外，相当一部分学生在通过了四、六级考试后就彻底放松甚至放弃了进一步的英语学习。其副作用就是在毕业以后，英语很难满足职业需求。蔡基刚对65所大学的大学英语后续课程调查后发现其中一半以上的高校开设了商务英语。为了进一步满足学生个人需求和社会英语需求，大学英语除了加快向ESP及专业英语靠拢外，就是在夯实基础英语教学的同时，突出灵活多样的模块化教学，努力构建应用型课程体系，使学生有课可选、有内容可学，把按水平分层和按专业分层的教学落到实处。例如，在开设不同水平的大学英语基础课程的同时，积极开设英语选修课、辅修课，如外文素质类课程（语言与文化、语言与交际等），专项语言技能类课程（如翻译与写作、报刊阅读等），专门用途英语（商务英语、外贸函电等）。

大学英语课程群的设计和构建过程正是高校明确本校大学英语教育目标的过程。高校可以根据大学英语社会需求状况对学生的选课进行指导，要求学生在选课方面完成"规定动作"和"自选动作"，从而优化学生英语水平和能力结构。

总之，大学英语课程结构性矛盾突出，其生存和发展受到挑战。在大学生入学英语水平已经有了较大幅度提高的情况下，高校若再继续搞纯粹语言基础的重复教学，就会脱离学生的个人需求。而且，随着高等教育国际化、高校课程国际化及各个行业与国际接轨程度的不断提高，社会对外语的需求也正不断地走向多元化和专业化。传统的 GE 教学组织模式和课程组织模式已经很难跟得上形势需要，与社会需求脱节的现象也越来越突出。如崔刚和马凤阳强调，英语教学是一个系统工程，现代的英语教育从原来的单学科支持转向最近多学科、交叉学科支持。大学英语与专业知识的结合成为发展趋势。杨惠中指出，大学英语教学在性质上应该是专门用途英语，必须实现由语言技能型向专业知识型的转变。因此，进一步深化调整大学英语的课程设置，走内涵式的提升和发展道路，开设更加适应学生个人需求及社会经济和区域行业英语需求的大学英语课程群成为当务之急。大学英语课程体系的建设应该"自下而上"，注意满足区域社会经济和个人对英语能力提升的需求，提高地方高校和毕业生服务于地方社会和区域行业发展的能力。那么，及时对社会需求和个人需求进行预测和分析必然成为设置大学英语课程的必要前提。只有经过需求分析，才能够有的放矢地制定符合各高校自身实际的教学目标、教学大纲及其具体实施途径。当然，基于需求的大学英语课程群的有效实施需要相关的配套改革，如教师知识结构升级和学术英语学习、教师定期培训制度落实、建立和完善与新的教学要求和教学模式相适应的综合评价体系。

第七节 全人教育理念下的大学英语教学

全人教育作为新时期下一种新型的教学模式,主要强调了大学生的主体地位。这种教学模式起源于美国,在社会不断发展的前提下,得到了人们越来越多的关注和重视。全人教育模式主要培养和谐人格、完全人格,从而使学生成为一个素质高、能力强的社会人才。鉴于全人教育的重要性,在大学英语教学过程中,教师要给予学生更多鼓励和支持,及时发现学生存在的问题,并提出合理意见,以此帮助学生改正,有效激发学生英语方面的潜能。在英语教学过程中教师要注重对学生创新意识以及创造能力的培养,从而积极促进英语教学水平的进一步提升。

一、全人教育与大学英语教学研究

根据《大学英语教学工作要求》中的规定,大学英语教学主要目的是有效提高学生的自主学习能力以及文化素养,从而使学生具有较强的英语应用能力,大大提升学生的听、说实践能力。这样做有助于学生积极学习英语知识,以此实现在英语方面的友好沟通,更好地满足经济建设以及国际交流的需求,由此可见,积极学习英语知识非常重要。在教学过程中,高校要将培养大学生自主学习能力作为主要任务,与此同时要注重对学生进行人文科学、自然科学的教育,将全人教育始终贯彻在大学英语教学过程中。

二、全人教育理念下的大学英语教学工作研究

针对目前我国大学英语教学现状，教师只有积极将全人教育渗透在英语教学过程中，树立全人教育理念，才能积极促进大学英语教学水平的进一步提升，在此过程中需要认真做到以下几点：

（一）将学生作为教学工作中心

每个学生都是一个独立的个体，不同的学生其性格、学习兴趣也有所不同，他们在学习能力、意志力等方面存在一定差异，因此在教学过程中教师要充分考虑这点，进行有针对性的教育。比如，我国某大学的英语教师在英语课堂教学过程中从实际出发，重视学生个体差异，根据学生不同特点制定了科学合理的《大学英语课堂教学计划》，明确了教学目标，树立了全人教育观念；另外还及时设计了教学活动，给学生布置了学习任务，同时要求学生加强与同学之间的友好交流，多进行互动，从而实现了互相学习，这样做有助于大学生学习能力的有效提升。将提高学生的自主学习能力作为教学目标，通过对学生进行有针对性的教育，从而增强学生的主动意识，最大限度地调动学生在课堂学习中的积极性，让学生学会学习，有利于学生及时养成良好的学习习惯，积极促进学生交流能力的有效提升。

（二）建立并完善评价体系

在大学英语教学中有必要及时建立终结性评价体系，对学生的评价不再仅限于学习成绩方面，还要对学生在课堂学习中的态度以及表现，进行科学、合理的评价。比如，某大学英语教师积极转变传统的评价方式，注

重对学生素质以及综合能力的培养，不再一味地追求高分，因此对学生的评价主要表现在学习态度、学习过程等方面，重视形成性评价，以此来激励学生学习，让学生认识到考试成绩并不能完全代表学习能力，从而帮助学生学会学习。对学生评价的过程也是培养学生创新意识、综合素质的良好过程，通过多方面评价，可以促使学生全面发展。

（三）增强大学生跨文化意识

英语知识和文化有着千丝万缕的关系，是文化中不可分割的一部分，所以英语教师要及时给予学生鼓励，从而帮助学生正确处理好英语和文化之间的关系，这对学生跨文化意识以及交际能力的提高有至关重要的作用。教师要在课堂教学过程中及时引导学生掌握更多的英语知识，以平和的心态对待英语语言，给予西方文化更多的理解和尊重，建立学习英语知识的自信，积极增强自身主动意识，全身心投入到英语学习中，吸收更多的西方文化，以此帮助学生增强跨文化意识。

（四）不断更新自身知识，紧跟时代潮流

由于英语教学具有一定的专业性和系统性，因此作为教育者必须及时更新自身的知识，开阔视野，主动学习更多的人文知识以及自然知识，同时将多学科知识渗透到英语课堂教学中，将学生培养成一个能够独立思考，能够解决实际问题，有责任感的人才，帮助学生树立正确的人生观和价值观，不断充实自己的头脑，还要乐于接受学生的意见，认真听取学生对英语课堂教学提出的合理建议，并进行认真改正，这样不仅能实现对自己的再教育，还能有效促进师生共同进步，为大学英语教学工作稳定发展奠定坚实的基础。

随着科学技术的迅速发展，在大学英语教学过程中教师一定要积极转变教学思想，及时树立个人教育观念，打破传统的教学模式，以培养学生学习能力为主，使学生学会学习，并改变对学生学习效果的评价方式，从而在增强学生自觉意识的同时，有效推动大学英语教学水平进一步提升。

第八节　形成性评价与大学英语教学

随着大学英语教学改革的深入，为了与大学英语教学相适应，合理利用教学评价体系是促进教学质量的有力手段。大学英语相对于其他课程，更注重学生的语言运用能力及口语的表达能力，若仍采用传统的评价方式——终结性评价体系去评价教学质量，就会忽视学生在学习中的主动性、创造性和能动性，同时也不利于英语教学的改革。因此，在大学英语教学中，科学合理地使用形成性教学评价体系，既符合大学英语教学的特殊性，又能使学生养成主动学习英语的习惯。

一、形成性评价的含义与形成

形成性评价是相对于传统评价体系而言的。传统评价注重的是结果，而形成性评价注重的是对学生学习过程的评价，因此它又被称为过程性评价。形成性评价是教师通过课堂观察，记录学生课堂积极参与度和学生课后任务完成情况以及自主学习的能力等，对学生日常学习过程中的表现、所取得的成绩以及所反映出的情感、态度、策略等方面的发展做出的评价。形成性评价在大学英语教学中，不仅符合英语语言课程教学的特点，而且还有利于激发学生的学习热情，端正学生的学习态度，培养学生合作完成小组任务及积极探究的精神，更能加强学生自主学习能力的培养。

早在1967年美国芝加哥大学的斯克里芬教授就提出了形成性评价的概念，形成性评价是针对传统评价而言的。随后美国教育学家布鲁姆率先将这一评价方式引入课堂教学。1983年我国学者万勇将这一评价理念引入到我国教育领域。1995年学者徐祖清将此评价方式运用于英语教学。形成性评价方式运用于教学中，评价者可以根据课堂教学过程中，学生任务完成的具体情况以及评价者事先未考虑到的一些因素为参考，进行教学目标的修订，即评价者在活动中会不断反思评估，并做出规模小但数量多的决策，以此不断地完善和改进现有的教学项目。形成性评价的目的就是帮助学生在学习过程中，根据学习任务完成的情况，制定与之相匹配的学习目标。学习目标的制定要依据学生自身能力而定，学生只有通过不断达到学习目标，才能发展并提高英语综合运用能力。

二、大学英语教学中使用形成性评价的意义

形成性评价用于大学英语教学中，有利于发挥学生学习的主观能动性，可以避免终结性评价带来的一些弊端。语言的学习注重的是学习过程，学生只有坚持不懈，才能达到学习目标，才能提高语言综合运用能力。同时形成性评价也有利于教师发现学生的潜质，指导学生改进学习方法，启发学生根据教师的教学完成相应的任务，教师给出形成性反馈，教师激发学生对反馈进行思考，根据思考重新设定学习目标。形成性评价要对学生的学习过程做记录，使学生和教师有效地利用这些信息，按照需要采取适当

的修正措施，使教学成为一个自我纠正系统。

《大学英语课程教学要求（试行）》指出增强学生自主学习能力，提高综合文化素养，以适应我国社会发展和国际交流的需要。由此可见，大学英语教学的重心应以交际为主，这是一个动态的学习过程。在课堂教学中，要求学生的参与度极高，教师在课堂教学中应充分调动学生的积极性，把课堂还给学生，以学生为中心。而对课堂教学效果的评价，不能单一地看学生的笔试结果，应考虑评价教学数据的多元化，而形成性评价用于大学英语教学的评价顺应了语言教学的规律，有着重要的意义。形成性评价主要是通过对学生在课堂教学期间的各种表现、团队意识、学习态度等做出的动态评价，为教师教学与学生学习提供信息材料，并将评价中获得的信息用于教学的规划与安排，有助于教学质量朝着良性方向发展。在形成性评价体系下，学生在学习过程中能有效地发挥其主动学习的作用，积极参与小组合作学习，积极探究并按教师的要求主动完成学习任务。同时教师也可以根据学习内容分配学习任务，设置学习量，充分考虑学生的个体差异。在学习过程中要强调师生间的交流，教师应尽力为学生营造使用语言的环境，帮助学生高频率地使用语言，实践语言，大量进行听说的锻炼，有效地促进应用型人才教学目标的实现。

三、形成性评价实施的方法

形成性评价是对学生英语学习的过程做一个全面的评价，它包括对学生语言运用能力、课堂的积极参与度、课后小组合作完成任务的参与度、学习态度等方面的评价。为科学合理地实施评价，评价过程中包括了建立学生档案袋、学生自我评价、学生相互间评价和教师评价。

（一）学生档案袋

英语语言能力不是一朝一夕就能获得的，它是在长期发展的过程中逐渐培养的。帮助学生建立英语学习档案袋，能让教师与学生全方面地掌握与了解学生英语学习的过程，让教师熟知学生在学习过程中的态度、努力程度、课堂参与的积极度等，记录学生积极参与课内外学习的状况。它是学生制定学习目标和自我评价的重要依据，同时也是教师了解学生英语学习状况的重要信息来源，并根据学生的个体任务完成的能力大小进行有针对性的指导，有利于学生英语综合运用能力的提高。

（二）学生自我评价

学生自评是指学生在学习过程中根据评价目标和评价标准对自身的英语学习情况所做的评价。学生的自评应包括三个方面：测评学习是否进步、检测学习方法是否有成效、检测是否能控制学习行为。这种自我评价有利于学生认识学习目标及自我调节学习进程，帮助学生增强自信心和责任感，从而促进了学生自主学习能力的培养。

（三）学生互评

在学生互评的过程中，小组成员间会出现思想观念不一致的情况。在此过程中学生要学会交流沟通，只有这样才能对同伴做出公平、合理的评价。这既能培养学生之间相互协调的能力，也能让学生相互之间更加了解彼此的优点，有利于学生之间的合作学习。在评价中，学生要不断地观察、总结和表达，培养观察能力、总结能力和表达能力。学生在互评过程中，还能学会尊重、包容、互相帮助，对学生性格的培养非常有益。

（四）教师评价

学生的自评与学生的互评应以教师的课程目标为依据，它们是教师综合评价的参考依据，教师根据学生平时课堂教学中的积极参与度、课后任务完成情况和小组合作学习参与的积极性等方面给学生做出正确的评价，并对下一步的教学活动做好安排，以便学生调控好学习计划。教师在平时教学中，通过观察，能了解到学生的个体差异，根据学生能力的差异，安排适合学生能力范围的学习任务，有利于调动学生学习的主观能动性，有利学生英语综合运用能力的提升。

综上所述，在大学英语教学改革中，采用形成性评价能有效促使学生积极参与教学，改变了终结性评价在教学中的弊端，有利于教学朝着良性方向发展。

第四章 多媒体时代下大学英语教学研究

第一节 英语教学中多媒体的运用模式

学习英语的最佳方式是营造全英文语境，但是在我国传统的英语教学环境下很难实现，我国英语课堂一般都是采用中英文对照，结合板书的形式进行教学，教师很难做到一句汉语不说。随着多媒体教学方式的普及，通过声像媒体设计搭建并实施的一套软件系统，使纯英语教学环境也得到了逐步地推广和实现，学生可以通过计算机的操作，在显示器上看到生动形象、色彩丰富的视频及动画，还可以通过鼠标操作实现交互式的对话，在多种方式中提高视听能力，但是这种多媒体教学方式也存在着很多弊端。本节就是笔者根据自己近几年的英语多媒体教学实践经验，就多媒体教学的利与弊端进行的分析。在传统的教学方法中，往往采用一句英文一句中文的教学方法，教师通常用写板书的方式进行教学，学生一味接受，学生和教师之间很少进行交流，教学活动显得枯燥乏味，最终造成吸收效果不佳，很难建立起正确的英语语感。而多媒体教学方式的引入，打破了英语传统的教学模式，它采用多媒体设备，将多种教学方式形象地通过幻灯片、视频影像、动画影片等方式，灵活地进行教学演示和互动，在英语教学中大量采用多样化的音频及视频文件，使教学活动更加富有乐趣，使学生通过多种形式的刺激提高了学习兴奋点，这样既增强了学生学习的积极性，又提高了教师的教学质量，因此多媒体教学方式有很多传统教学方法无法比拟的优势，其采取的教学形式主要概括为以下几个方面：

一、通过视听说课堂，实现全英语语境

现代的英语教学中增加了一门视听说课程，在专门的网络教室每个学生配有一台电脑，每台电脑均配有耳机、麦克风。学生进入教室打开电脑，插入学习光盘，戴上耳麦，找到学习课件，根据学习进度进行自主学习，课件中配有相关影音资料，这些资料人物的发音采用标准的美式英语发音，学生可以根据自身的学习基础选择学习内容，包括浏览跟读单词、收看视频对话、听力练习等，所有内容均采用纯英文环境，教师可以通过教师机监督每位学生的学习情况。笔者曾在课堂上对一百名学生做过调查，传统上课方式和视听说课堂学生更喜欢哪个。90%以上的学生选择了视听说课堂这种学习方式，他们认为这种方式更加自主和自由，当然，这种学习方式更要依靠学生的自觉性。这种学习方式的优点是灵活地进行师生教学演示和互动，摒弃了传统英语教学中轻听说、重读写，教师讲、学生听的方式，每位学生人手一机完全根据自己的学习基础和进度，自主控制学习时间和顺序来选择相应的学习内容，在学习内容设计上都是采用日常情景人物对话再过渡到影音情境，学生在学习过程中可以加深感知、理解、运用，模

仿正确发音，并且有更多机会接受视听说的训练。

二、通过网络交互方式，搭建互动式平台

网络资源丰富，有很多优秀的英语学习网站，这些学习网站提供了大量的关于英语学习方法、口译及文本翻译的知识和技巧等英语教学信息和资料，还有诸如"欧美文化""口语训练"、朋友圈或类似英语角的论坛等，学生可以随时提出学习中遇到的困难与困惑。搭建互动式平台，通过网络交互方式可以拓展学生的眼界，更能激发学生学习英语的兴趣。网络资源为教师的教学提供了很多参考资料，也为学生提供了大量的学习资源。通过互联网我们可以足不出户，点击几下鼠标直接访问国外网站，结识大洋彼岸的网友，通过与实际的语言发展同步的图文并茂的信息，直接吸取原汁原味的英语资讯，让学生在一个比较实际的语言环境中进行相互交流，通过视频的方式直接对话，督促学生主动开口讲话，迅速提高口语能力，通过交互防止学生因为羞于开口而造成"哑巴"英语。

三、计算机辅助语言教学，提高课堂教学效率和质量

在传统英语教学模式中，教师在课堂上书写大量的板书，各类单词、短语、例句都要通过教师的板书向学生演示，很多宝贵的课堂时间浪费在板书的书写过程中。还有一种情况是一些学生在课堂上遇到不懂的单词经常提问或者翻出字典进行查找，这个过程中可能会打断或者跟不上教师讲解的进度。而在多媒体教学模式下，教师使用的演示文稿是事先制作好的，只需要简单地操作鼠标即可完成内容的演示。而学生如遇到生词可直接通

过手机或电脑中安装的翻译软件快速查找到相应的词义和详细的释义，方便快捷。在多媒体技术和网络技术快速发展的背景下，英语教学模式进行了翻天覆地的改革，几乎完全摒弃了原始的板书模式，通过多媒体环境下制作的各类演示文稿，以界面友好、操作简洁方便、内容生动丰富、形式多样和非凡的表现力深受学生的喜爱。多媒体教学模式保留了课堂教学教师主导的方式，同时又具备视听设备完美地呈现图像和声音的优势，不仅增大了课堂信息量，同时也提高了课堂容量和学生学习知识的多样化，提高了课堂教学的效率和质量。

以上所阐述的是在教学中多媒体运用的几种模式及其优势，但笔者在实际教学多媒体应用中也发现其同时存在着很多弊端：

（1）教师过分依赖课件，课堂展示课件的比重过大，教师失去课堂主导作用。合理运用多媒体辅助英语课堂教学能使课堂更加生动丰富，给学生带来更丰富多样的知识展示。但是，过多地使用多媒体课件，有可能将英语课变成多媒体课件展示课，教师一味放映课件，就会失去自身的主导作用。有些教师误认为在课堂上多媒体用得越多，教学形式和内容越丰富，学生的英语学习兴趣就越高。例如有些教师在课堂上先用幻灯片展示课件进行教学，然后再运用动画展示一段汉译英，然后再放映整段的英文原声影片。整个课堂内容貌似丰富多样，教师在讲台上换来换去忙得不亦乐乎，表面上学生看得热闹，看教师的各种操作兴趣盎然。而事实上，经过调查发现，学生下课后印象最深刻的不是教学内容而是这种教学形式，教师的授课内容在传递给学生的过程中干扰过大，学生对授课内容还没等消化理解就被另外一种形式吸引过去，导致学生在课上什么都没学到。运用多媒体教学仅仅是其中的一种方式，计算机多媒体是一个辅助手段，而不应该变成整个课堂的主导，否则会把教师与学生之间的交流变为课件与学生之间的被动接受。多媒体课件作为一种辅助教学手段，永远不应该"喧宾夺主"，教师应提高运用多媒体操控课堂的能力，成为课堂的主角。

（2）课件在内容和形式上与教学内容进度不符，造成课堂内容混乱。网络信息为教师在备课上提供了丰富的授课资源，各种类型的课件都可以从网络下载。很多教师本身不懂得课件的制作方法而直接从网络下载，以致造成课件内容和授课内容不吻合，或者下载的课件内容过于花哨。这样会弱化教师在课堂教学中的主导作用，违背教师课堂教学的本意，导致学生知识体系紊乱。因此，教师应该自己掌握多媒体课件及软件的制作方法，结合自身课堂授课特点制作与课堂相符的课件。多媒体教学内容合理可使教师的教学风格更加灵活，通过设计可将每个教师独特的讲课风格融入其中，并得到前所未有的展示，同时在设计中应注意传统教学手段与现代教学手段的结合，要考虑到引导学生参与课堂教学的积极性，如果在设计中教师按照自己的教学内容和教学进度进行课件设计，融入最适合自己的教法必将达到最理想的教学效果。学生在接受多媒体课件的信息上主要渠道是通过视觉刺激，过于复杂的画面反而会使学生的注意力被色彩及动画所吸引，因此多媒体课件的设计应条理清晰、内容丰富、简洁明快。

（3）多媒体的运用在课堂中比重占用过大，忽视了学生实际操练的训练。在教学过程中计算机多媒体辅助教学系统的使用，目的是为学生创造更丰富的英语学习条件。目前，很多英语课堂上使用了大量集动画和声音于一体的课件，把教材中的各类素材通过动画的形式展示给学生，生动形象地呈现教材中的内容，使学生从视觉、听觉等感官效果得到了强化，在一定程度上帮助学生理解了授课内容。然而用多媒体展示的内容只是把文中情形通过影音展示给学生，无法取代学生在教师创设的情境中用英语进行交际操练训练。因此，教师在制作和使用课件时应以促进学生积极参与动脑动口为目的，而不是为了追求在课堂上多一点现代化内容，不加选择地过多使用多媒体课件，应适当增加学生实际操练和思考的空间训练。这就要求教师在使用多媒体辅助教学系统时，要善于通过多媒体教学引导学生思考、回答问题，而不是限制学生的思维，使他们被动地跟着课件内容走。

第二节　基于新媒体资源的大学英语碎片化学习

随着科技的迅速发展，人们的生活越来越离不开高科技信息技术。快速发展的信息技术不仅给人们的生活带来便利，同时也给各行各业带来巨大的挑战，其中也包含教育界。在"互联网+"的大环境下，传统的教学理念已经满足不了新时期大学生的要求，填鸭式、灌输式、死抠书本的教学方式早已激发不了学生的学习兴趣，在这种情况下教育理念和教学方式亟待改革以顺应网络信息时代的新要求。大学英语课程对教师的要求很高，语言离不开运用和实践，语言知识需要与时俱进，教学方法也需要与时代相契合。传统的教学理念和教学方法会造成课堂教学沉闷枯燥，学生课堂表现懈怠，教学质量低下，最终影响人才培养的质量。

新媒体资源的碎片化学习理念为大学英语教学提供了新思路。利用校园无线网络、智能手机设备、移动应用客户端（手机QQ、微信、微博等）搭建出新型学习平台，教师通过将课件、微课、视频等学习内容上传到QQ群或微信群，可以随时推送或更新学习内容，供学生随时随地学习，同时学生可以随时和教师沟通，交流学习心得，讨论学习中遇到的问题。碎片化学习理念不受时间和地点的限制，打破了传统教学的思维模式，弥补了课堂教学模式的不足，同时激发了学生的学习兴趣，实现了自由、无拘束、无压力的学习，因此更有利于获得良好的学习效果。

一、"碎片化学习"的含义和特点

"碎片化"的英文为fragmentation，原意为完整的东西破成诸多碎块。对于"碎片化学习"尽管没有统一的定义，但是它的确是一种新型的学习方式。在大数据时代，"碎片化学习"具有移动学习的特点，它是一种以"学"为中心的学习活动，是学生在教师的指导下，根据自己的学习时间，通过选择自己所需的学习内容进行以学为主的自主学习过程。

碎片化学习包括三方面的含义：一是学习内容的碎片化，二是学习时间的碎片化，三是学习空间的碎片化。碎片化学习的学习内容是相对系统性学习而言的。系统性学习的学习内容具有完整、全面、系统的特点，而碎片化学习并非系统、全面地学习某个领域的专业知识，而是零星、碎片式地学习知识，通过碎片积累获得某个领域的专业知识和信息。系统学习的目的是系统地掌握一门学科的技能，而碎片化学习是为了满足兴趣、快乐学习。学习时间和空间的碎片化，是指利用闲暇时间随意、悠闲地学习，它与固定时间和固定地点的学习相对应。与连续性学习相比较，碎片化学习的时间相对较零散，地点也不断在变化，因此，碎片化学习也被称作非正式学习或闲暇学习。

基于信息化时代的特点和学生的喜好，利用移动网络客户端平台，将零星碎片时间变成学生自主学习时间，从而提高学生的学习兴趣和主观能动性，这是碎片化学习的目标和关键。同时，碎片化学习还可以作为大学英语课堂教学的预热和延伸，它有助于提高大学英语的教学质量，为更新教学方法、改革教学理念提供新思路。

二、"碎片化"学习的习得过程

碎片化学习尽管非系统化学习，但它仍属于完整知识体系的一部分。在碎片化学习过程中需要处理好"碎片化"与"完整化"的关系。"碎片化"与"完整化"是不可分割的整体，"碎片化"的积累是为了知识体系的"完整化"。"完整化"是由不同类型的"碎片化"知识组成的。碎片化知识犹如一个完整生命体的各个组成部分，只有"碎片化"与"完整化"相结合才能构成完整的知识体系。此外，碎片化知识积累到一定程度需要对其进行归类和整合，将同类型的知识碎片重组在一起，并纳入学生正规的知识体系中。在海量信息中，学生需要分辨知识碎片的价值度，吸收有价值的知识碎片，摒弃无价值的知识碎片，这样才能使有价值的碎片信息转化为对学生有利的信息资源，帮助学生构建和强化知识体系。

碎片化知识整合有两条路径：复原与重构。复原是指由教师帮助学生选取网上各种有价值的知识碎片，并按照学科知识体系结构将知识碎片重新整合，使繁杂的知识碎片复原成对本学科有促进作用的学习资源。重构是指由学生依据自己的喜好选择碎片知识，并整合成符合自己知识结构的学习资源。重构无须按照学科体系进行整合，而是可以彰显个性，根据学生的兴趣爱好进行个性化整合。通过对碎片化知识的复原与重构，可以有效提升学生的知识结构，从而达到促进学习的目的。

三、大学英语"碎片化"学习的教学策略

在"互联网+"的信息时代，大学英语教学面临着机遇与挑战，传统的教学手段和方法已经不能满足学生的认知需求，只有迎合时代发展的步伐，将教学与信息化环境相融合，才能使大学英语教学走出窘境，提升人才的综合能力。碎片化学习正是在信息化时代的背景下应运而生的新的教学方法。大学英语教学可以借助碎片化学习实现课堂教学前的预热和课堂教学后的补充和延伸。那么教师该如何利用碎片化学习手段在提高学生的英语能力同时又有效规避碎片化学习带来的不利影响呢？以下几点策略可供参考：

（一）教师创建群，把控信息资源的纯净度

碎片化学习资源丰富，但信息质量却良莠不齐，因此需要有清晰的头脑和准确的判断力在信息的海洋里捕捉合适、优质的信息。学生对于专业知识的把控能力还是有限的，因此需要教师帮助学生选择适合本专业的、有助于构建学科知识体系的信息，指导学生在正确的轨道里进行自主学习。教师可以创建微信群或QQ群，要求全班同学加入。教师可以将网络上筛选

到的优质英语学习资料上传到群里，或将优质网站的网址公布在群里，供学生自主学习。学生遇到任何问题可以随时与教师沟通。教师也可以通过微博与学生交流，拉近师生之间的距离，施展教师的个人魅力。通过教师创建群，能够有效地把控信息资源的纯净度，防止学习偏离轨道以及无效信息对学生的负面影响。

（二）利用碎片化学习，组织网络平台教学

碎片化学习以网络、手机和各类软件客户端为媒介，使学生轻松获得丰富的学习资源。教师可以利用网络教学平台，将碎片化学习方式与课堂教学相融合，使其成为课堂教学前的预热和课堂教学后的补充和延伸。教师可以在课前将预习内容发布在微信群或QQ群里，供学生在课前利用闲暇时间做好充分的预习；课后将本节课的重难点以及补充的有趣素材放到群里，供学生拓展学习。教师还可以在网络平台上布置作业，要求学生利用课余时间查找资料、组织素材、发表见解。合理利用好碎片化学习手段，借助网络教学平台进行教学，将会极大改善和提高大学英语的教学效果。

（三）深度挖掘教学信息，弥补碎片化学习的缺陷

碎片化学习手段灵活方便，不受学习时间和空间的限制，在获得知识和信息方面具有很多优势，但也存在一些缺陷。由于碎片化学习不能提供较长的整块学习时间，因此学习内容不宜选择难度较大的素材，因而存在信息难度和深度不够的缺陷。针对碎片化学习的缺陷，教师可以帮助学生深度挖掘学习资源，精心选取短小精悍的英语语料放在网络平台上，或将复杂的语料分成若干个短小片段，有利于学生进行碎片化学习，以增强学生的学习兴趣和信心。教师还应鼓励学生独立思考、发表见解、畅所欲言，

将英语学习中的感受分享到群里,和教师及其他同学互动交流。这样一来碎片式的浅信息学习就转化为有深度的学习和思考,在这一过程中学生的自主学习能力也得到了提升。

碎片化学习是随着"互联网+"和手机QQ、微信等新媒体资源的出现应运而生的一种新型学习手段,通过学生对知识的碎片化积累以达到增长知识和技能的目的。碎片化学习理念不受时间和地点的限制,打破了传统教学的思维模式,弥补了课堂教学模式的不足,同时激发了学生的学习兴趣,因此受到越来越多的教育界人士的关注。碎片化学习是网络信息技术发展的必然结果,这一理念也将会被更多人所接受。碎片化学习给大学英语教学带来了机遇,它可以改变以往课堂教学的沉闷氛围,使大学英语教学走出窘境。借助新媒体资源,在教师的引导下,通过碎片化学习,可以充分培养和提升学生的主观能动性。在课堂教学的同时,将碎片化学习作为课堂教学的预热、补充和延伸,将会极大地提升教学效果。

第三节 基于多媒体的大学英语自主学习模式

多媒体教学是现代教育的发展趋势,多媒体技术在教育领域的广泛应用,也为高校大学生英语自主学习提供了便利。在《大学英语课程教学要求》中,教育部明确提出了"以多媒体技术为支撑转变教学模式,促使学生语言知识和技能教学向终身学习能力培养方向转变"的发展要求。这也要求高校在多媒体环境下,积极创新大学英语教学模式,同时鼓励学生英语学习朝着个性化、自主式方向发展。

一、多媒体环境下英语自主学习的概念和特点

自主学习指学生根据自己决定的学习目标来确定学习进度、选择学习方法、进行自我监控的学习方式。多媒体环境下的英语自主学习指在多媒体环境下，学生不依赖教师管理独立完成学习任务、学习活动的过程。多媒体环境下的自主学习所处的环境，是以外语教学理论为指导，集多种教学模式和教学手段于一体的语言学习环境。多媒体环境下的自主学习，既是一种学习态度，也是一种学习能力。在多媒体环境下，个体学习资源获取、学习内容呈现、学习工具应用都要以多媒体为主。多媒体环境下的英语自主学习最大的优点就是个性化、自主化。多媒体使教学模式突破了时空限制，它不仅丰富了英语学习材料，为学生学习创设了生动有趣、立体直观的语言环境和交际情景，还将语言听、说、读、写、译训练融于一体，供学生探究和实践之用。概括来说，在多媒体环境下，教师在教学中不再占据主体地位，大学英语教学资源由单一的教材变成了以多媒体课件、网络学习平台为主的立体教学资源，学生学习地点也由教室延伸到任何可以提供学习资源的学习场所，生生交流和师生互动方式也因为多媒体的存在而更加自由、多样。

二、大学英语自主学习模式涉及的问题

（一）自主学习模式的构建问题

完整的自主学习模式包括四个阶段，这四个阶段的主要内容分别是任

务界定、目标设置与计划制订、策略执行、元认识调节。多媒体环境下的大学生英语学习模式的重点就是学生个性化学习方法和自主学习能力的形成。但是，在自主学习环境相对宽松的情况下，许多学生都缺少自我约束和监督意识，对学习模式的要求都不高。如何构建适用于自己的自主学习模式，对许多学生来说都是一个难题。一些学生虽然能根据个人实际来制订学习计划，但是在制定策略、选择学习方式时都没有将细节问题考虑进去，也不会利用认知监控适时、适当调整学习计划和学习目标。

（二）资源配置仍待优化

在多媒体环境下，学生在学习资源选择上拥有绝对自主权。自主学习模式也对学校资源建设，尤其是网络学习资源建设提出了较高的要求。为了给学生自主学习提供更好的服务，许多学校都加大了硬件设施投入，建立了英语自主学习中心、英语视听说语音室。一些高校还把握校园信息化建设时机，健全了校内英语教学网站和辅助网站，完善了英语口语考试系统，填充了英语学习资料库。但是，从整体来看，许多学校在英语学习资源建设上，缺乏严格的标准，学生英语自主学习软硬件环境仍有待进一步优化。

（三）学生元认知策略应用和学习评价有待商榷

多媒体英语自主学习的目的是更好地满足学生个性化学习需求，使学生通过主体化学习活动提高学习效率。需要注意的是，在学生学习过程中，为了确保学习效果，学生要在合理使用多媒体资源、渠道的基础上，运用元认知策略将个体认知、情感融入学习中去，以促使学生学习动力与学习环境相匹配，这是确保学生自主学习效率的关键。但是，学生是否能运用元认知策略来学习，是一个值得商榷的问题。

三、基于多媒体的大学英语自主学习模式的完善对策

（一）优化教学环境，为自主学习提供条件

在多媒体环境下，学习不再是知识单向传递的过程，而是一个依靠学生自身进行知识建构的过程。学生也不再是信息的被动接受者，而是有用信息的建构者。但是，这一切要在多媒体教学资源完备、教学环境良好的情况下进行。因此，高校管理部门在资源建设方面，要关注多媒体教学资源建设状况，从整体着眼，就教学系统优化、资源共享进行综合设计，对多媒体教学资源尤其是英语学习网站建设进行综合规划，以"资源共享系统、网络中控系统和课程中心系统"为中心建立多媒体教学系统，通过优质多媒体设备管理平台、多媒体教室、多媒体设备配置、精品课程录播系统建设等软硬件设施建设提高教育的资源全球化、教学信息化、学习自主化水平。在此基础上，高校要进一步完善多媒体教学管理制度，明确责任部门和相关责任人在多媒体教室管理、使用中的职责和权限，形成规范、完善的多媒体教学管理规章制度，争取通过完善的管理提高多媒体教学资源使用效率，为学生自主学习打好基础。

（二）着重培养学生的自主学习能力

近年来，在英语教学改革中备受关注的一个问题就是学生不知道如何安排学习计划、制定学习目标、控制学习过程。造成这一问题的主要原因

是学生自主学习能力较差,而学校在学生自主学习方面又缺少监督和管理。要想解决这些问题,高校首先要积极利用校内网、宣传栏、广播、班会等形式进行自主学习宣传,鼓励学生根据个人实际制订学习计划,控制学习过程。其次,高校要借鉴其他学校的成功经验,开办自主学习班,开展学习策略训练,由教师根据学生能力帮助学生制定不同的学习策略,设置不同的自主学习任务,然后就学生自主学习能力进行训练和辅导,争取通过训练提高学生的自我效能感。最后,高校要完善多媒体教学跟踪监控和评价体系,利用多媒体手段对学生自主学习过程进行监控、管理,将学生自主学习能力形成状况、自主学习成绩等都纳入教学范畴中去,并通过检验学生自主学习目标和实际结果的吻合度,引导学生重视学习过程,做好自主学习的监控和管理,以提高自主学习效率。

第四节　建构主义视角下的英语多媒体网络教学

本节从建构主义的视角出发,多元阐释该概念的定义,讨论其在实践教学中的功能,提出在学生语言学习能力的培养过程中,改革现有的实践教学模式,突破传统的不适应新形势的教育理念,创造新的人才培养模式,多角度、全方位为学生学好英语搭建平台,大力推进学生创新能力的培养。

一、建构主义理论

建构主义理论首先强调教学理念和师生角色的转变。建构主义理论强调以学生为中心，学生是认知的主体，是知识意义的主动建构者。教师是学生知识构建的辅助者和促进者，而非知识的传授者和灌输者，要充分发挥学生的创造性，将知识外化，实现自我反馈。其次，建构主义理论强调教学情境的重要性，认为学习总是与社会文化背景"情境"相关联的。学生只有借助于社会性交互作用，才能在感性认识的基础上形成正确的理性认识。再次，建构主义理论认为协作共享发生在学习过程的始终，这是建构主义的核心概念之一。学生在教师的帮助下建立学习群体，先内部协商，再相互协商。学生群体的智慧被群体共享，从而完成对知识的意义建构。最后，建构主义理论强调教师积极对学习环境进行设计，为学生提供各种资源（包括各种类型的教学媒体和教学资料），鼓励学生主动探索并完成意义建构，以实现学习目的。

二、建构主义视角下的英语多媒体网络教学

（1）建立"以学生为中心"的多媒体网络教学平台，培养学生的自主学习能力。要想真正实现利用多媒体网络资源辅助英语教学这一目的，首先需要我们整合现有的网络资源，充分利用校园网这一有效平台，使其能够更好地为教师教学和学生学习服务。一方面，教师可以利用各种教学软件事先做成制作课件，包括教师授课资料（词语讲解、语法讲解、语言点讲解、课文讲解等），自主学习内容（背景资料、阅读材料、教学网站、网

络课程等），交流部分（以班级为单位的网上BBS、聊天室、空间课程群等），在学习内容的编排和取材上，更加重视趣味性、实用性及前沿性。另一方面，学生也可以根据自己的英语学习状况和喜好，在网络教室里获取互联网上和教师储存于服务器上的信息资源，通过网上浏览查阅信息或人机对话等方式自主探究学习。其次，教师可以在多媒体网络资源的帮助下，将教材以图像、音频、视频合一的形式展现出来，使学生产生浓厚的兴趣，从而帮助学生主动建构知识，培养学生的知识建构能力，提高了学生的独立学习能力。

（2）创设学习"情境"，培养学生的交际技能。建构主义理论注重情境的作用，认为意义学习是以经历情境形式为标志的。大学在设计情境教学的时候，教学设计不仅要考虑教学目标和教学内容的安排，而且要重视有利于学生建构意义的情境的创设。因此"情境"设计要遵循针对性、系统性、科学性、形象性、学生主体性、交互性等原则。在多媒体语言实验室，计算机、投影、大屏幕（或学生桌上的显示器）是开展演示型课堂教学的主要设备。多媒体可以充分发挥其超链接的功能，为教学创造最优化的声、像情境环境，形成一个栩栩如生的三维视听世界，向学生提供多维度、多元化的信息，创造或虚拟、或真实的情境，即"想象情境""推理情境"和"语言情境"，使英语教学走向真实化和课堂社会化，加深学生对多元文化的理解。创设情境的方式可以多种多样，如经典电影配音、英文歌曲演绎、新闻播报、名人演讲、诗歌朗诵、英语达人秀、英文辩论赛、故事接龙、文化沙龙等。根据不同的教学内容和不同的教学目标可以创设不同的情境，激发学生参与交互式学习的积极性，在交互过程中完成对问题的理解、知识的应用和意义的建构。事实证明，好的情境能激发学生的学习热情，寓教于乐，"情景交融"。

（3）开展英语"协作共享、对话交流"，促进高级认知能力的发展、合作精神的培养和良好人际关系的形成。建构主义认为协作发生在学习过程中，始终发挥着重要作用。在教师的组织和引导下，学生和教师一起讨论、切磋和交流，共同建立起学生与学生、学生与小组、学生与集体的教学群体。小组之间可以互相帮助、竞赛、提问等。教师可以创设各种问题情境，在小组对话交流中抛砖引玉，引导学生思路，扩展他们的思维，把知识串联起来交汇在新的知识点上，从而融会贯通，温故知新。协作学习可以更加有效地提高学生解决问题的能力，同时也可以增强他们学好语言的自信心，还可以培养他们与人合作的能力。教师要在教学中创建交互、开放式的学习环境，强化动机，提高自信，以师生互动、生生互动等形式进行语言交流和运用，减少学生的孤独感，营造健康互助的学习环境。因此，网络支持的"协作学习"对学生高级认知能力、团队合作精神和良好人际关系的形成和培养效果显著。

（4）设定学习目标，检测学习效果。在建构主义的学习模式下，学生可以按自己的语言能力水平选择不同的学习材料，可以是单词拓展、长句难句分析，也可以是听力练习，或是口语强化、写作练习等。学生通过设定学习目标，不断做出调整，决定学习进度和强度。由此，与传统课堂教学比较，学生不会产生很大的畏难自卑情绪，兴趣和动力会促进学生产生成就感，从而提高学习效率。因此，多媒体环境下语言测试可以采取课堂测试和网络测试相结合的方法，采用形成性评价和终结性评价两种评价体系评价学生。前者是指对学生在学习过程中所表现出来的情感、态度、策略等方面的发展做出的评价（包括课堂表现、作业完成情况和出席率、网上自学记录、课外活动记录、学习档案记录等），后者是指测验和期末考试。期末考试的形式包括口试、听力和试题库笔试。这样的评价体系，有利于激发学生的潜力，提高他们的学习兴趣和学习动力。

基于建构主义的多媒体网络辅助教学是一项全新的教学研究。在课程安排总体不变的情况下，灵活多变的教学模式不仅增强了学生对英语课堂的兴趣，也提高了教师对课堂时间的实际利用率，增强了课内教师对课外活动的具体引导，减少了学生对授课教师的心理依赖，促进了学生语言应用能力的发展。因此，英语教师应认真通过开展理论与课堂实践的研究，使它符合现代英语教学理论与教学规律，能够有效地为英语教学的目的服务，从而提高英语教学质量。当然，本节还只是一个初步的探讨，多媒体网络与大学英语教学相结合还面临很多问题，比如，如何有效地监控、指导并帮助有困难的学生；学生完成任务的难易度如何设计；语言的流利性、准确性及复杂性如何把握，这些问题有待进一步探讨。

第五节 基于 SBI 的新型多媒体大学英语口语教学

在全球经济化的浪潮中，我国的对外交流和外事活动将会进一步扩大，各行各业都亟须一批既具有扎实的专业知识又具备较好的外语水平的高级复合型应用人才。近几十年来，特别是进入 21 世纪，我国大学英语口语教育发展迅速，已取得了不错的成绩，英语口语的交际能力也越来越受到用人单位和人们的青睐。然而，教学课堂中存在的诸多问题，导致许多高校学生的语言交际能力、口头表达能力仍不能满足社会发展的需求。

多媒体技术的迅速发展，为英语教学带来了一系列的重要变化。《大学英语课程教学要求》中明确指出了以先进的多媒体技术替代以教师讲授为主的传统教学模式。在英语听说教学中，大力推进以多媒体技术为核心的课堂改革计划，设计出适合学生学习的多媒体教学模式势在必行。综上，在现有先进教学资源的基础上探索新型的口语教学方式，使之真正促进英语教学与学习，是教学研究者和实践者必须思考的问题。

一、SBI 指导下的口语教学理据

策略教学法SBI（Strategy-Based-Instruction）是一种寓策略训练于课堂语言教学的"以学习者为中心的教学方法"。使用这种方法，学生可以"系统的应用学习策略""分享他们喜爱的策略""扩大他们的策略库"。运用这种方法，教师能够在进行常规语言教学的同时，强调策略，使策略培训个性化。其中SBI有两大主要成分：一是明确地指导学生何时、如何使用学习策略，让学生了解为什么使用策略；二是将策略介绍与应用融合到课堂语言教学中。Cohen将SBI的目的归纳为帮助学生进一步认识"如何最有效地学习""怎样提高对目的语的理解和应用""如何在课堂以外继续进行目的语的自主学习和交流"。简言之，SBI将策略介绍与应用和普通的语言教学有机地结合起来，帮助学生提高自主学习能力，对自己的语言学习效果和效率负责。

二、新型多媒体英语口语教学策略

我们提到的多媒体技术就是利用计算机把文字、图形、影像、动画、声音及视频等媒体信息都数字化，并将其整合在一定的交互式界面上，使计算机具有交互展示不同媒体形态的能力。这一创新型技术的出现，在解决口语教学问题和制定新型口语教学策略上有着无可比拟的独特魅力。

优化组合的多媒体英语教学将图、文、声、形等融为一体，"能全方位、多层次地反复刺激学生的感官"，使主管语言分析的大脑左半球抽象思维和主管视觉空间的大脑右半球形象思维相互作用，展开一种立体化的思维活动，多渠道地感知语言材料，有效地将抽象的知识形象化、具体化，创造出丰富多彩的和逼真的语言环境，这样不但使人感到身临其境，而且能"察言观色"，增强对语言的表层和内涵之间关系的细致体会，使教学成为一种动静结合、视听丰富的学习体验，同时寓教于乐，兼顾实用性和教育性、知识性和趣味性，实现思想内涵、语言、文化和技能的有机结合。这种新型多媒体教学策略的实施与我们上述的策略教学法中教师的角色扮演和指导有着密不可分的联系。在SBI中，教师的角色与传统教学中的教师角色相比，发生了较大的变化，可以概括为：描述、引发、讨论、鼓励、策略融合。具体的实施过程还要通过一系列能够培养口语能力和引导口语策略的课堂活动的设计来进行拓展。下面笔者将具体阐述可以采用的课堂形式和活动：

（一）配音比赛

选取一段经典原版英文电影或者当下流行的电影片段进行播放，第一遍播放时配以中英文字幕，让学生熟悉视频的故事情节和人物关系；第二遍播放时只显示英文字幕，要求学生重点记忆自己不认识的词汇，通过查阅词典或询问的方式充分理解，且尝试朗读英文台词；第三遍播放时只显示中文字幕，边听边说出英文字幕。然后将学生分成若干小组进行画面配音比赛。配音的形式也可多样化，比如消去视频中所有角色或个别角色的声音，请多个学生根据剧中角色的情感和所处场景，模仿其语气和声音练习，最后上台汇报表演，选出最佳配音组进行奖励。这种方式不仅可以快速调动学生参与其中练习口语的积极性，还可以让学生充分体会英语本土语言者的说话习惯。

（二）背对猜词

首先教师讲授相关话题词汇，通过各种形式的练习，让学生充分理解其意思和运用，随后挑选出重点内容，在幕布上依次单独显示中文含义。利用学生好奇好胜的心理，要求以合作的形式一方解释、描述、表演，另一方背对屏幕负责在最短的时间内猜出对应的英文词汇。在此基础上，教师可以将全班划分为两大队，给予几分钟时间演练，之后各队派出相应代表上台抢答比赛，结果产生后要奖罚分明，以此刺激学生的参与度。求胜心理使各队团结一致，课堂上出现你一言我一语、高度关注、竞相发言的活跃场面。

（三）情景再现

学生掌握相关联的主题情景表达后，教师播放提前搜集的不同场景下的网络对话视频。将学生分成3~4人一组，操作时点击按键消去声音和字幕，播放画面，让学生发挥想象力，运用刚学过的知识给该场景配上角色可能会出现的话语，最后自由结合表演会话内容。学生也可以自编对话模仿视频中人物关系进行角色扮演，巩固课堂所学内容。

（四）歌曲欣赏

教师事先挑选好适合本班学生水平的英语歌曲，最好是发音清晰、当下流行的歌曲，这样更能引起学生兴趣。学生听第一遍的时候，了解歌曲的主题，听第二遍、第三遍的时候，尽力听清每一个单词和词组，注意单词的发音和音节，可以看歌词，注意发音技巧，如节奏、重音、连读、不完全爆破等，跟着音频学习英文歌曲，感受它的语音、语调，模仿原音里的情感、语音、语调来唱。

（五）热点互动

社会热点是人们广泛关注的话题，融入口语课堂更能激起学生的兴趣，让他们有感而发、有话可说，这是口语活动内容的一个重要组成部分。教师需要课前搜集与课堂内容相关的时下热点视频，引导学生围绕其中的人物、事件、冲突及问题进行小组讨论，发表自己的意见，必要时可以进行相互辩论。

以上课堂活动设计的主要目的在于最大限度地引导学生调用各种口语策略，提高自身的口语能力。通过这些真实自然的视听资料和独特的活动设计，可以最大限度地激发学生学习英语口语的兴趣，增强学生说英语的动机，还可以进一步地帮助学生使用所学的各种词汇，深层次地理解其在实际生活中的运用。

《大学英语课程教学要求》(试行)已正式将英语学生语言策略能力的培养作为英语整体能力培养的一个重要方面。在策略教学法的引导下,先进的多媒体技术与新型的口语教学策略相结合将两者的优势最大化,即突破传统的口语课堂,有效解决教学的重难点,最大限度地体现口语教学的生动性、实效性和交际性,教学信息、教学内容通过声像的形象化而得以深化。多媒体参与的课堂,不再是简单的传授知识的课堂,而是引导学生积极参与、寓教于乐的活跃课堂。总之,这种新型的教学策略能够加强学生的学习策略意识、扩大策略库、提高英语口语能力,为我国培养更多的英语口语实用人才。

第六节 双重代码理论下的多媒体大学英语教学

多媒体辅助教学技术进入大学英语课堂教学已经很多年了,但多媒体技术的广泛应用并没有带来预期的教学效果。究其原因,使用多媒体的教师缺乏先进的理论做指导。本节从双重代码理论视角出发,阐述如何在该理论的指导下合理利用多媒体辅助教学技术,提高学生的记忆效率,减轻学生的学习压力,全面提高学生的英语听、说、读、写能力。

一、双重代码理论

双重代码理论是由加拿大心理学家佩维奥在20世纪60年代末70年代

初提出的知识的认知表征理论。该理论认为对于现实世界存在的言语和非言语两大类信息，人的大脑发展了两个功能独立却又相互联系的认知子系统：语言表征系统和非语言表征系统。语言表征系统以语言为代码，主要记忆和储存语言信息，包括单词、句子等，信息的存储是以分解的线性单位进行的。非语言表征系统处理非语言信息，以意象系统为代码，信息的存储是以整体形式存在的。意象是指当前不存在的物体或事件的一种知识表征，具有鲜明的感性特征。意象是连续的、图画式的，它比语言信息更加系统全面。

意象和语言系统是两种可供选择的代码系统或符号表征方式，在信息的加工、储存与提取中，语言信息与非语言信息的加工过程是同样重要的。双重代码理论认为，这两种符号系统可以分别或同时进行工作，输入到一个系统里的信息也可以被另一个系统所储存并表现。例如，英语学习者看到flower一词时，头脑中首先被激活的是语言信息，包括它的音位和词条，也可能同时在脑海中浮现一些有关flower的意象，如flower的气味、颜色、形态等。同样道理，一幅flower的图画，在激活学习者头脑中非语言系统的同时也可能激活语言系统。值得注意的是，人的语言系统和言语系统并非总是一对一的，一个意象可能会激活不同的语言标签，比如看到白宫的画面，有人会说"白宫"，有人会说"美国总统官邸"。同样，一个语言标签也可能激活不同的意象，这与每个人的经历有关。在语言系统里，一个词可以引起对另一个词的联想，如高兴与悲伤、多与少等。所以，语言和非语言系统既相互独立，又交互作用，最大限度地激发了人的心理认知水平，推动了语言习得的发展。

二、运用双重代码理论指导多媒体教学

多媒体辅助教学技术进入大学英语课堂教学,但很多调查表明用多媒体授课的班级英语成绩反倒不如普通班级。究其原因,使用多媒体的教师缺乏先进的理论作指导,忽视了语言学习的规律和原则,造成了多媒体的误用和滥用,主要表现在多媒体课件展示过多,信息输入泛滥,课件质量低,不能灵活生动地展示知识。

根据双重代码理论,如果能够同时以视觉形式和语言形式呈现信息,就能够增强记忆和识别能力。也就是说,视觉呈现的内容一定要配合语言内容,才能让学习者真正感到语言知识是"可视"的。当信息从语言和视觉两条通道输入大脑,学习者对材料的理解会加强,记忆也会变得更容易。因此,多媒体使用的目的应是帮助学生处理非语言系统信息,形成与语言信息相呼应的意象和情感反应。多媒体课件的制作是多媒体辅助技术在英语课堂成功使用的关键。课件的内容一定要和语言材料贴近,尽量选择能够引发学生联想和情感反应的素材。那么如何以双重代码理论为依据制作和使用多媒体课件呢?笔者尝试结合教学实例分别从词汇教学、听说教学、阅读教学三个方面阐述如何以双重代码理论为指导使用多媒体辅助英语教学。

(一)词汇教学

传统的词汇教学往往只注重词语的内部知识而较少考虑词语的外部知识,有效的词汇教学应将词的发音、拼写、词义、语法、搭配、语内关系、语外关系及语用规则有机结合起来。因此,进行词汇教学时,多媒体课件

的使用应能促进学生在词汇习得和记忆中调动认知过程的非语言系统，能够将生词和学生已有知识经验、情感体验或现实生活联系起来。双重代码理论的一个重要观点就是在认知的过程中，具体的语言比抽象的语言更容易产生意象和情感反应。然而大学英语中的词汇很多都是具有抽象含义的，虽然大学生的抽象理解能力较强，但如果能利用多媒体将这些词汇使用在具体的情境中，那么这个词汇就与具体情境产生的视觉意象或情感反应发生联系，这样不但能加强学生的记忆，还能帮助学生理解词汇的外延和内涵意义，对提高学生的词汇运用水平会有积极的影响。例如，《新视野大学英语》第二册9单元A篇的单词ambitious，中文解释是"雄心勃勃的，充满野心的"。"野心"在汉语文化中是带有贬义色彩的，但在英语中却是褒义词，表明一个人积极向上、有进取心、勇于奋斗。在课堂上可以利用多媒体课件向学生展示一些成功人士的图片，如比尔·盖茨、乔治·福布斯等，让学生联想他们的奋斗史，最后得出结论They are all ambitious。于是该词便会在学生脑海中与这些积极人物形象以及他们所代表的拼搏进取精神联系起来。

（二）听说教学

传统的听力课，往往是教师放音，学生听，然后对答案，就难点进行解释，教学方式单一、枯燥。学生长时间被动地听单一的声音，会产生听觉疲劳，对材料的理解和记忆受到很大的影响，不利于学生发挥学习主动性和培养创造性思维。根据双重代码理论，大脑在加工语言信息的时候，也能积极地处理非语言系统的信息。因此，教师如果利用多媒体在学生从听力渠道获取语言信息的同时，配以静态或动态的图像，不仅能激发学生的兴趣，也能增强学生对语言材料的记忆和理解。现在的听力教材大都配有多媒体光盘，师生可以有效地利用这些资源；但有些教材视觉材料较少，那么教师就可以补充一些语言和画面配合得比较贴切的影音材料。例如，BBC和央视联合录制的纪录片《美丽中国》，非常适合做视听材料。该片语速适中，音乐动情，画面丰富，与语言内容配合得十分贴切，会对学生产生强烈的视觉刺激，从而加深他们对语言信息传递出的外延与内涵的理解。教师可以利用软件截取一段视频，先让学生跟着字幕观看一遍，了解基本内容；然后去掉字幕，让学生带着问题去听，并写下听写笔记；最后再让学生配合画面复述，这样便是一个信息输入、贮存、提取的过程，学生的语言信息处理系统和非语言信息处理系统在这一过程中得到了充分的调动和配合，画面促进了学生头脑中视觉意象的形成，视觉意象又激发了语言系统对语言信息的处理，促使学生能自然地吸收语言，并产出语言。

（三）阅读教学

大学英语的精读教学，一向非常注重语篇和话语分析，重视调动读者的能动作用，培养他们主动构建语篇意义和意图的能力。但这些都是建立在语言系统处理信息模式的基础上的，忽略了非语言系统对阅读理解的影响。捷克著名教育家夸美纽斯主张"应该使学生先学习感性的，然后是理性的"。成晓光的实验也表明，意象作为一种阅读手段，能更大程度地提高阅读理解能力，并且这种策略在阅读一些难度较大但能形成意象的自然科学的文章上会更有成效。因此，在课堂教学中，特别是处理一些结构和内容都较为复杂的文章时，教师可以利用多媒体展示与课文内容相关的图像、简笔画或图表，来帮助学生理解和记忆课文。例如，在讲解《新视野大学英语》第四册7单元A篇Research into Population Genetics时,制作的多媒体课件可以是一幅世界地图。根据课文中遗传学研究表明,非洲是人类的诞生地和人类迁徙的起点。教师将非洲部分涂上红色,亚洲、欧洲、美洲涂上橙色,东南亚涂上浅橙,澳大利亚涂上黄色。这样标注虽不精确,但学生从这一系列颜色由深至浅的变化,可以看出人类大致的基因变化和迁徙路线,结合阅读课文相关段落,语言系统与非语言系统的信息同时输入,他们就会非常形象地理解课文内容。其他类型的文章也可以利用多媒体帮助学生建立意象,如介绍美国文化的Five Famous Symbols of American Culture,教师可以让学生观看相应的图片或影像,再如,社交建议文章How to Make a Good Impression,教师可以将文章结构画成一幅框架图,再配以适当的文字和插图,利用多媒体展示帮助学生理解;也可以利用课件,引发话题,组织小组讨论,从而达到对课文内容的准确认知和理解。

综上所述,非语言系统所处理的意象,比语言传递的信息更全面、更具体。在英语学习过程中,教师不仅要调动学生的语言系统处理语言信息,更要不断激发非语言系统与语言系统交互作用,协调配合,以达到对语言材料的深度理解和记忆。多媒体技术的合理运用可以帮助学生在处理语言信息的同时,调动非语言系统加工信息,从而形成意象,丰富感知,提高语言的认知理解水平。因此,大学英语对多媒体教学应该以双重代码理论为指导,这样才能符合学生语言学习的认知规律,提高学生的记忆效率,减轻学生的认知负担,达到最佳学习效果,从而全面提高学生的英语水平。作为大学英语教师,应以科学的教育理论为指导,全面提升自己的业务水平;同时还要熟练运用多媒体技术,能够设计和制作多媒体课件,将自我的教学特色和教学理念融入其中,真正地发挥出教学特长,提高课堂教学质量。

第七节 电子档案袋应用于多媒体大学英语教学

21世纪是信息大爆炸的时代,信息技术的突飞猛进极大地改变了人类社会,其中包括经济和生活。与此同时,教育也在发生着一系列的变革。教育正从传统的模式悄悄地向现代化的模式转化。在信息化的大背景之下,我国正在大力推行教育信息化、现代化。教育信息化要求应用现代信息技术(计算机、多媒体、网络通信等),通过各种渠道重点建设,充分利用各种软硬件资源,加速教育现代化,促进教育改革和教育发展的过程。电子档案袋是依托计算机技术和网络平台的评价方式,将学生的学习过程记录在数据库中,通过积累、整理与整合,构建出有个人特色的学习档案,系统地展现学生学习过程的评价方式。电子档案袋与大学英语教学的结合,有助于提高教学效率,提高学生学习的积极性和主动性。

一、电子档案袋的含义及特征

档案袋(portfolio)是在西方"教育评价改革运动"中出现的一种新型教育教学评价工具。近年来,随着社会信息和科技的发展,网络也被广泛地应用于各个方面,包括档案袋。将现代化的网络技术和档案袋评价模式结合起来，就发展成了电子档案袋评价。以计算机和多媒体网络为载体做成的电子档案袋，可以方便快捷地把原来的纸质档案袋材料转化成电子信息材料，这种材料便于收集、整理、保存和展示。

档案管理形式能够用事实材料反映出学生的状态，准确地记载学生的学习成长过程，让学生感觉到自己的成长和进步。同时，为同学、教师、家长及其他评价主体提供了更为丰富的评价材料，是更加全面评价学生学习的新型评价方式，是形成性评价中的一种有效的手段。

电子档案袋具有以下几个特点：

首先，电子档案袋的数字化形态决定了它对设备有一定的要求和依赖性。电子档案袋的制作、传输和保存都离不开计算机及相关的计算机软件和硬件。电子档案袋要求高标准化的运作环境，否则可能会出现电子文档无法识别，读取不出来的状况。

其次，电子档案袋的载体是间接性的。计算机可以把可识别的文字、图形等信息转换成数字编码，然后再记录到相关的载体上。这就使得只有用必要的计算机硬件将信息转换成人类肉眼可以识别的形式后，人们才能读懂其中的具体内容。

再次，储存在电子档案袋中的信息和它的载体是可以分离的。我们知道，电子档案袋中储存有一定的内容，这些内容的存放位置是可以改变的，也就是说，可以从这个载体转换到另一个载体上，但是具体内容不会有任何的改变。

最后，电子档案中储存的信息容易被修改。电子文件的一个显著特点就是，无论是在制作草稿阶段还是在修改阶段，处理时都不留下任何痕迹。

还有，储存在电子档案袋中的信息和它的载体的可分离性这一特点，也使得信息在载体之间相互转换时有可能被修改，但是这种修改又不易被发现。电子档案袋的这个特点，也是它的缺点，因此对于电子档案袋原始性的维护还存在一些困难。

二、电子档案袋应用于多媒体大学英语教学的必要性

电子档案袋是以计算机和网络技术为媒介，通过网页的形式建立的学生个体的电子档案袋，用这种方式记录学生个体成长发展的轨迹。因为数字化的存在，所以这种资料的呈现是多元立体的，能够全面地记载学生个体的成长过程，反映出学生真实的进步和成绩。电子档案袋，能够储存较多的信息，保存起来比较容易，查阅和携带特别方便，管理也简单，无论是操作、交流，还是展示和传统的方式比较起来都具有更大的进步和改善。

首先，电子档案袋可以积极有效地让学生养成反思的习惯，培养他们改革创新意识和把理论应用于实践的能力。其次，电子档案袋还能充分地体现学生评价主体和评价客体的身份和角色。这些优势都是传统的档案袋评价方式所没有的。所以，把电子档案袋评价模式应用于大学英语教学是很有必要的，不但可以提高教学的质量，而且可以最大化地培养学生的积极性和主动性，让学生朝着个性化的方向发展。

三、电子档案袋在多媒体大学英语教学中的设计应用

在多媒体大学英语教学中，电子档案袋的引入会大大提高教学效率，使学习的内容更加生动、有趣，增加学生学习的积极性和主动性。在实际

的教学过程中，电子档案袋的设计要符合一定的要求，设计的内容要科学合理。

（一）电子档案袋的设计要求

在大学英语教学中，电子档案袋的设计需要符合以下要求：

首先，目的明确。在设计电子档案袋的目录和子目录时，要参考具体的大学英语课程的教学内容和教学目标。

其次，可操作性强。在电子档案袋的评价模式之下，学生可以电子档案袋设计的内容为依据，积极主动地开展大学英语的学习，并且准确地记录学习的过程，同时提高英语水平和能力。评价者在对学生进行评价时可以以电子档案袋记录的内容为依据，做出正确的、科学的评价。

再次，内容丰富多样。电子档案袋的内容多种多样，包括学生收集的相关课程的背景资料、学生查找的时事新闻播报、学生课堂上的学习体会记录、学生在课外了解的相关知识、学生完成作业的情况、学生能力测试的情况等。内容的形式也可以多种化，可以是word文档的形式、ppt课件展示的形式、多格式视频格式等。

最后，覆盖整个学习过程。电子档案袋要以整个英语课程的学习为主线，包括日常的学习、课前的准备和预习、课堂上的讲授过程、课堂上开展的活动、课堂上布置的练习、课后的巩固和复习、相关课程的知识拓展、学生的个性展示等很多方面。这样，通过全方位立体的评价，可以全面了解学生学习情况，有效地提高学生的英语综合能力。

（二）多媒体大学英语教学中电子档案袋的设计

大学里开设有计算机课程，而且大部分院校都配备了学生可以进入的计算机实验室，这样学生就可以方便地使用计算机和网络。在大学英语电子档案袋的设计这一问题上，首先就要充分发挥这一优势，让学生建立自己的博客。博客的主要内容就是每个学生大学英语学习的电子档案袋，包括文字、图片、ppt课件、声音、视频等多媒体材料，这样学生就可以进行个性化的自主学习。

根据实际情况，我们可以把学生的博客电子档案袋设计成以下几个部分，包括学习园地、英语趣味角、我的多媒体资料和交流天地。

学习园地又可以被分为几个板块，包括英语学习计划、个人英语学习进展、英语学习难点和英语作业。在每个学期开始时，每个学生需要填写个人的英语学习计划，计划中要包含本学期总的学习目标、每个月和每个周的学习计划；在个人英语学习进展这一板块中，学生需要总结每个阶段的英语学习情况，找到自己在英语方面取得的进步，当然还要发现自己的不足，以便于进一步的提高；在英语学习难点这一板块中，学生可以记录下自己在英语学习中遇到的不会或不懂的知识点，必要时可以求助于教师或同学；在英语作业这一板块中，学生必须要把教师布置的英语作业的相对应的答案上传到里面。整个学习园地中包含的内容比较多，要发动学生积极地搜集和整理相关的材料，要多积累，将有用的材料及时地归入档案袋，教师主要起到监督的作用。

在英语趣味角中，学生可以上传自己喜欢的英语材料，这些材料的形式可以是多种多样的，包括文字材料和音频、视频材料。这些材料上传后，可以与其他的同学共享，大家相互交流，共同进步。

在我的多媒体资料中，学生可以上传自己平时英语学习的视频和音频材料，包括口语练习的片段、学生英语演讲的片段；还可以上传自己表演的英语短剧等。这些都可以作为教师评价学生成绩的依据。

在交流天地中，主要是记录学生个人的英语学习心得，根据自己的亲身体会，总结经验和教训。把自己在英语学习中总结的经验和教训与其他同学共享，不但能够取长补短，而且能够相互借鉴，共同提高学习效率。

在整个电子档案袋的建设过程中，教师要始终发挥监督与管理的作用。教师要不断地检查学生档案袋中的内容，并且进行分析研究，发现问题，根据具体情况不断地调整自己的教学内容和教学方法，还要发动学生阅读查看其他同学的博客电子档案袋，互相汲取经验，互相评价，只有这样才能真正发挥电子档案袋的实际效用。

实际情况表明，电子档案袋与多媒体大学英语教学的有机结合，使得评价模式由原来的单一化变成了全方位的评价，这样就能让学生详细地了解自己的学习情况和进程，有助于他们及时地对自己的学习进行总结，调整自己的学习计划，制定新的学习目标。与此同时，电子档案袋的建立也使学生不但能够科学地看待自己，而且也能够科学地评价他人。最重要的是，电子档案袋与多媒体大学英语教学的有机结合，不但提高了教学的效率，同时也极大地激发了学生学习的积极性和主动性，使得学生的英语学习朝着个性化的方向迈进。

第八节　基于课堂与网络的多媒体大学英语教学模式

高等教育司 2004 年 1 月 3 日印发的《大学英语课程教学要求》（试行）中明确指出，"我们应当充分利用多媒体、网络技术发展带来的契机，采用新的教学模式改进原来的以教师讲授为主的单一课堂教学模式。新的教学模式应以现代信息技术为支撑，特别是网络技术，使英语教学朝着个性化自主学习、不受时间和地点限制的学习、主动式学习方向发展。"经过 3 年多的试行与修订，教育部于 2007 年 10 月正式颁布了《大学英语课程教学要求》（以下称《教学要求》），作为指导全国大学英语课程教学、研究、教材建设、教学评估等相关活动的纲领性文件。该文件中的重点是"教学模式"部分，它是指导近年来教学改革的基础。

一、教学模式的概念

"模式"一词是英文 model 的汉译名词，一般指被研究对象在理论上的逻辑框架，是经验与理论之间的一种可操作性的知识系统，是再现现实的一种理论性的简化结构。美国的乔伊斯和韦尔最先将"模式"一词引入到教学领域，并加以系统研究。

乔伊斯和韦尔在《教学模式》一书中认为，教学模式是构成课程和作业、选择教材、提示教师活动的一种范式或计划。实际教学模式并不是一种计划，因为计划往往显得太具体，太具操作性，从而失去了理论色彩。他们将"模式"一词引入教学理论中，是想以此来说明，在一定的教学思想或教学理论指导下建立起来的各种类型的教学活动的基本结构或框架，表现教学过程程序性的策略体系。

所谓教学模式是指按一定教学法或流派的某种原则在教学活动中通过教法和学习法体现出来的一种教学方式。教学模式是实现教学法的教学活动体系，各种教学法流派都有相应的教学模式，其差别表现在教学方法的选择、教学阶段的划分、教学材料安排的顺序等方面，反映出教师和学生教学活动的特点。

二、教学模式的类型

（一）课堂讲授型教学模式的主要特点是以教师为中心

以往，课堂教学活动的主体是教师，整个教学以教师的讲授为主，学生只是被动地接受，很少参与课堂教学活动。这种教学模式的基本假设是课堂规模太大，教师与学生的互动不可能实现，所以只能靠教师的讲课技巧、语音语调的变化和穿插幽默故事等以加强课堂教学气氛，吸引学生注意力。但长久来看，学生还是会觉得兴味索然。

（二）相互交流型教学模式的特点是以学生为中心

课堂教学以学生的双人活动或小组活动为主要组织形式，教师可以用课堂提问、角色扮演、课堂辩论等手段使学生参与到课堂教学过程当中。教师的作用是设计课程、布置任务、组织协调等。这种教学模式假设语言是在学生不断实践的过程中逐渐获得的，而不是只由教师教授一些语言知识和规则学到的。当然，这种教学模式也有弱点，即如果课堂设计不到位，组织缺乏严密性就可能导致课堂的无序状态。

三、传统的大学英语教学模式的弊端

教学模式是指在一定的教学思想或教学理论的指导下建立起来的较为稳定的教学活动框架体系，是开展教学活动的方法论。在行为主义理论的影响下，长期以来，我国传统的大学英语教学模式，一般是围绕"课堂教学以课本为中心（text-based）""课堂活动以教师为主体（teacher-based）""教学质量的评估以四、六级考试作为参考的主要依据（test-based）"这三个教学原则展开的（贾国栋，2003）。显然，单一的教学手段与语言交流的多维性本质上是自相矛盾的；重教师对学生的单向知识灌输和轻学生的主体地位与语言习得的客观规律本质上是自相矛盾的；将考试作为教学评估的目的与将考试作为手段本质上是自相矛盾的。这些弊端从根本上束缚了大学英语教学的发展，学生的学习动力和教学效果受到影响，大学英语教学模式的改革迫在眉睫。

四、基于课堂与网络的多媒体大学英语教学模式的发展策略

（一）采用基于计算机和网络的英语教学模式，改进以教师讲授为主的单一教学模式

新的教学模式应体现英语教学实用性、知识性和趣味性相结合的原则，这样有利于调动教师和学生两个方面的积极性，体现教师在教学过程中的主导作用和学生在教学过程中的主体地位。在充分利用现代信息技术的同时，教师要合理继承传统教学模式中的优秀部分，发挥传统课堂教学的

优势。

（1）强调各高等学校应在大学英语教学中引入网络技术来改进目前大学英语教学以教师讲授为主的教学模式，将网络课程与课堂课程教学结合起来，从中找到一个最佳结合点，充分发挥教师与学生双方的作用，取得良好教学效果。教师应注重利用网络学习环境，发展网上实时与非实时教学手段，引导学生掌握正确的学习方法，培养学生自主学习语言的能力，即由原来的重点研究教师如何"教"转到研究学生如何利用网络学习系统自主"学"上来。

（2）教学应能实现非定时、多地点、个性化、自主式发展。"非定时"可以理解为教师对教学计划安排的学习时间及进度能进行灵活的调整。"多地点"可以理解为授课环境或学生学习的地点不再是传统一个教学班一个教室的概念；一旦学习系统安装在学校的中心服务器上，学生可以在校园网覆盖的任何地点进行学习。"个性化"可以理解为利用网络环境所提供的交互式学习系统，注重学生的个体差异，允许学生根据自身的条件、学习风格、学习习惯等确定自己的学习目标、学习方法、学习进程等，达到个性化的学习目的。"自主性"可以理解为学生就教师所设计的学习任务自主决定学习的过程；教师只注重设计好教学任务，提供学习过程的指导，并对学习任务进行及时的检测与反馈。

（3）注重实用性、文化性和趣味性相结合。从教学内容来讲，教育部推荐的四套学习系统在视听说教程和综合语言训练教程当中体现了这三个方面。这里从教学模式的角度来讲，强调教师在做教学设计时，要能将这三性体现在教学过程当中，即学生通过人机交互掌握了一定的实用主题和语言知识与技能后要设计一定的教学任务加以实践，让学生在实践中体会语言是如何使用的，从而对其有更深刻的理解与掌握。

（4）注重调动教师和学生双方的积极性，特别是确立学生的主体地位。新的教学模式中要处理好学生与教师的关系。学生是教学过程的主体，一切的教学活动都要围绕学生展开，教师要当好课程的设计者、任务的设计者、任务实施的组织者和评估者等。这里特别要强调教师积极性、主动性的发挥，教师要通过以上各种角色的扮演参与学生学习的全过程，不能认为基于网络的自主学习就是让学生自学。自主学习是指在教师指导、帮助、检查下的学习，是有目标、有预期结果的学习，与自学是两个截然不同的概念。

（5）技术上的交互性、可实现性和易于操作性。这里可以理解为所开发的教学系统在技术上具有较强的人机交互功能，特别是通过键盘录入、鼠标拖拽、语音输入等方式进行主观的人机交互，而不仅是多项选择形式。在技术和操作上不能太过纷繁复杂或太过高端，以致在大众通用计算机上无法运行或实现。

（二）探索建立网络环境下的听说教学模式，直接在局域网或校园网上进行听说教学和训练

《教学要求》同时指出，各高等学校应根据本校的条件和学生的英语水平，探索建立网络环境下的听说教学模式，直接在局域网或校园网上进行听说教学和训练。读写译课程的教学可在课堂上进行，也可在计算机网络环境下进行。同时，使用计算机网络教学的课程应有相应的面授辅导课时，以保证学习效果。

（1）注意领会基于计算机的英语学习过程。基于计算机的英语学习过程的教学设计分为四个步骤。第一步是个性化的"初始测试"，计算机会根据学生每一题的答题情况，给出难易不同的题目，最后根据测试结果决定学生应进入什么级别学习。第二步是"学习课程"，即学生通过视听说系统和综合阅读写作系统进行网上自主学习。第三步是"每课测试"，即学生学习完一课或一个单元进入下一课或单元学习前要通过一个机上考试，合格后方可进入下一课或单元学习；不合格的应得到为什么不合格的及时反馈，回本课重新学习相关内容后再来测试，直至通过。

（2）注重教师辅导作用的发挥。基于网络的教学中，学生学习效果的好坏决定于两大因素。一是教师教学任务设计得是否合适，是否能保持学生学习的积极性。二是在线学习到一定学时后，教师要及时面授辅导。这个辅导应包括对学习任务完成情况的检查与评估，即形成性评估的组成部分，也应包括对学生学习策略的指导和自主学习能力的培养。面授辅导非常重要，它能够起到一种对学生督促、鼓励、建议、检查、评估的作用。没有这一步，学生的学习会出于种种原因而达不到预期效果。

教学模式的改变不仅是教学方法和教学手段的变化，而且是教学理念的转变，是实现从以教师为中心、单纯传授语言知识与技能的教学思想和实践，向以学生为中心，既传授语言知识与技能，又注重培养语言实际应用能力与自主学习能力的教学思想和实践的转变，也是向以培养学生终身学习能力为导向的终身教育的转变。

本次教学模式的改革不仅是教学手段的单纯转变，而且是更深层次的教学理念的转变，是一个由长期以来占统治地位的教师为中心的模式向着以学生为中心的模式的转变。新模式不但强调传统模式中注重语言知识传授和语言技能的训练,而且更加强调语言知识的实际应用能力和学生自主学习能力的培养,朝终身学习的目标迈进。

第九节 图式理论与多媒体大学英语听说教学

随着改革开放的不断深入,高校毕业生的英语听说能力已明显滞后于社会发展的需要。2004年1月教育部印发的《大学英语课程教学要求(试行)》,强调大学英语的教学目标是培养学生英语综合应用能力,特别是听说能力,使他们在今后工作和社会交往中能用英语有效地进行口头和书面的信息交流,以适应我国经济发展和国际交流的需要。为顺应全国大学英语教学改革的大趋势,激发和调动学生学习英语的积极性,提高学生的英语听说水平,本节试图从图式理论的视角,透视多媒体在大学英语听说教学中的作用。

一、图式理论

著名哲学家康德早在1781年就指出,一个人在接受新信息、新概念、新思想时,只有把它们同他脑海里固有的知识联系起来才能产生意义。1932年,英国著名心理学家巴特利特(F.C.Barlett)在其著作《记忆》中提出了图式理论。所谓"图式"是指每个人过去获得的知识在头脑中储存的方式,是大脑对过去经验的反映或积极组织，是被学习者储存在记忆中的信息对新信息起作用的过程及怎样把这些新信息储存到学习者知识库中的过程。

图式理论认为，人们在理解、吸收、输入信息的时候，要将输入信息与已知信息，即背景知识联系起来。对新输入信息的解码（decoding）、编码（encoding）都依赖于人脑中已存的信息图式、框架或网络。输入信息必须与这些图式相匹配，才能完成信息处理的系列过程，即从信息的接受、解码、重组到储存，也可以说是图式具体实现过程。由此可见，英语学习者头脑中已储存的知识对他们吸收新知识的方式和运用的效果起着关键作用，在多媒体辅助英语教学过程中，图式理论赋予了我们新的启迪。

二、图式理论对大学英语视听说教学的启示

大学英语视听说教学融视、听、说于一体。在教学过程中，教师通过选择适当的多媒体材料，把声音（听觉信息）和图像（视觉信息）联系起来，以视、听促说，把学生的听觉、视觉、声觉全部动员起来。教育心理学研究表明，人从听觉获得的知识能够记忆 15%，从视觉获得的知识能够记忆 25%，如果视听觉协同作用，则能够接收约 65%的知识。视、听、说有机结合，是学习语言的有效途径，特别是听与说的结合，对掌握语言尤为重要。根据美国外语教学法专家里弗斯和坦珀利的研究，人们所获取的信息中，75%来自听与说，其中听占 45%，说占 30%，其余 25%来自读与写。可见听与说在交际活动中占有非常重要的地位。听说能力在英语学习和交际中占有举足轻重的地位，对此人们已经达成共识。英语学习者的听说能力除了与语言知识和词汇量有关外，还与文化背景知识和学习策略等

有着密切的关系。在言语交际中,说话人和听者所共有的知识、经历越多,两者的交流就越容易;听者的背景知识越多,理解就越容易。这说明背景知识在言语交际中起着非常重要的作用。

图式理论同样可以应用在听说教学中。决定听说教学的图式由语言图式、内容图式和形式图式组成。语言图式是指听者对听力材料的语言所掌握的程度。在整个听力过程中,语言阶段是第一步,听者注意力主要集中在词义、音素、发音和句法上。Carrel(1983)指出,如果读者或听者没有足够的语言知识并掌握一定的阅读或听力技巧的话,他的相关图式是无法被激活的。内容图式是听者对听力材料的熟悉程度,是知识的回顾,是建立在以语言知识、背景知识、推论和相互影响的刺激物上的各种内容。内容图式有各种不同的类型,对英语学习者来说,最需要具备的就是文化内容图式。大家或许都有这样的体会:当我们听到一些有关自己所熟悉的事件的材料时,不管是新闻、故事、报告、讲演还是有关科技、艺术等方面的,一般都能够很容易地听懂并能较好地理解,即使材料中有些生词,也能够根据上下文猜测出它们的意思。但是遇到一些不熟悉的材料或与英美文化背景知识关系密切的材料时,听起来就感到困难得多;尽管有些材料比较简单,也听懂了字面意思,但由于缺乏文化背景知识,因而不能理解其真正的含义。形式图式是一种指示性的推断方法,其主要作用是将具有某种类似特征而又各不相同的现态进行分类,从而在这些现态之间建立起各种归纳性的联系。

三、多媒体是图式理论在大学英语听说教学中具体应用的桥梁和纽带

多媒体教学是指利用计算机技术、多媒体技术和现代教学方法进行教学活动的一个整体概念，它把文字（TEXT）、图形（GRAPHICS）、影像（IMAGES）、声音（AUDIO）、动画（ANIMATION）以及各类多媒体教学软件等先进的多媒体手段引入教学实践当中，具有信息量大、信息输入手段多样化、交互性强的特点。利用多媒体辅助教学可以克服传统教学的不足，尤其能提高教学效率，减少教师板书时间，增大教学内容的信息量。多媒体辅助教学可以使教学内容多样化，教师可以充分利用网络资源或光盘等及时更新陈旧的不符合时代的教学内容，适当补充学生感兴趣的教学内容。利用多媒体资源丰富、种类繁多的优势，丰富课堂教学的内容，增强英语教学的趣味性。

采用多媒体方式教学不仅会在语言信息输入的"量"上有较大的增加，而且也会在语言信息输入的"质"上有较大的提高；因为多媒体课件是由众多专家或有经验的教师精心设计和制作出来的，它是集体智慧的结晶，并且课文内容或者视频影像常伴有地道、纯正的发音。这样，学生会比在以教师讲授为主的传统教学中接触到更多的真实、地道的语言。多媒体技术能够处理文本、图片、图形、图像、动画、音频和视频影像等多种信息，并能将这些信息融合在一起，组成图文并茂、声情融会的画面，创设语言学习环境，弥补传统教学单维的信息传播方式。在音像材料中学生能听到英美人士的地道语言和纯正的语音语调，看到语言交际情景以及异国他乡

的风土人情，这些对学生理解、模仿和吸收都很有利。同时，多媒体网络教学不仅适用于课堂，还可以供学生课外使用。学生可以在网络的任意终端连接学校的教材库，以获取教师所提供的与课程内容相关的练习材料、语音材料或视频影像。通过计算机网络，教师可以有效地使用远距离教学手段。因此，它具有广泛的适用性。这样大大地扩大了学生对语言感知的空间和时间，无疑会极大地丰富语言环境。由此可见，在大学英语听说教学中，多媒体教学手段无论在语言图式、内容图式还是形式图式上都具有极大的优势。

第五章　大学英语智慧教育研究

第一节　智慧测试与大学英语个性化教学

人类的科学追求是为了人类在物质和精神上实现个性化的最大满足。人类文明薪火的传递和进步依赖教育，如何满足个性化需求、挖掘个体的潜能为社会服务是教育的终极目标，个性化教育教学是未来教育的基本路径。所谓个性化教学，就是要充分考虑师生，尤其是学生的个体差异和个性特征，以学习者为主体，以个性化、差异化的教学方法和手段，促进学习者个性化地建构知识、发展能力和锻造品格，帮助他们最终获得自我实现。就英语学科而言，有效实施个性化教学，尊重学生差异，进行个性化的学、个性化的教、个性化的评价，是英语教学自身完善的内在要求。

一、个性化教学是时代的需要

（一）网络时代的要求

传统的英语教学资源有限，主要是手中的课本，再加上非常有限的图书资料。而在互联网大数据时代，教和学的资源已经是泛在式地存在于我们指尖上，通过网络自助，学生可以从互联网上获得的知识和信息在广度和深度上都大大超过了传统课堂所能传授的信息量,也大大超过了教师个人能力所能传授的知识深度和广度,因此传统教学面临挑战,教师作为知识的传授者的权威性受到了公开的质疑。网络时代给教学对象带来了根本性的变化,具体表现为:

(1) 学生的知识来源不再局限于课本,知识源的结构呈多元化;

(2) 由于个体差异,学生原有知识结构呈多样化;

(3) 学生对知识的需求结构呈个性化。

在这种情况下,传统整齐划一的教学目标、教学内容、教学方法和评价手段等已经越来越不能适应新时期的需要,而满足不同的需求,适应学生的个性化发展,成为时代的新需求,同时,网络技术和现代语言教育技术的快速发展也为个性化教学提供了强大的技术支撑。

(二)《大学英语教学指南》的要求

针对正在变化的教育现实,教育部高等学校大学外语教学指导委员会2016年制定的《大学英语教学指南》(以下简称《指南》)强调了个性化教学的重要性,在《指南》中十二次提到了"个性化",把大学英语教学目标划分为基础、提高和发展三个阶段。基础阶段,重点突出听、说、读、写、译基本技能的培养和语言基本知识的学习;提高阶段,强调听、说、读、写、译技能的进一步提升,兼顾语法、词汇、篇章、语用等语言知识的进一步巩固、提高和相关知识的进一步扩充;发展阶段,注重学生较高层次语言应用能力的拓展训练,满足具有拔尖创新潜质的高水平学生参与国际学术交流的需要。提高阶段和发展阶段更能体现个性化需要,鼓励学生个性化的学习,教师个性化的教学,贯彻分类指导、因材施教的原则。

（三）智慧测试革命性变革

1. 传统考试的弊端

传统的考试可以追溯到科举制度，科举是通过考试来选拔官吏的制度，始于605年的隋朝，成熟于唐朝，延续到清朝末年，于1905年被废除，整个科举制度持续了1300多年。从历史的角度来看，在当时有其合理性。中国古代的科举考试制度有一定程度的公平竞争性，有利于社会各阶层的流动和社会的凝聚与整合，有利于文化的普及与传承，更有利于封建王朝统治的稳定与巩固。科举考试在选拔人才上确实比分封制、世袭制进步，但其弊端日益凸显，主要是其内容和形式上不能适应社会变化，所考非所用。其实历朝历代，不论考试内容和形式如何，考试是需要的，而科举制度的终结并不代表考试时代的终结。其实，科举制度的考试内容僵化，是科举终结之根本原因。在我国，由于考试的"指挥棒"作用，各类考试都不同程度地催生了应试教育，以高考最为典型。而应试教育是以提升学生应试能力为主要目的教育，通常被视为素质教育的对立面，因此，在教学中只要提到"考试"，往往就有"应试"教育之嫌，大学英语四、六级作为全国性统考同样受到诟病。

考试的检测作用是毋庸置疑的，素质教育也有考试，考试与教育不可调和的原因不在考试本身，而在于考试的内容效度。以清末的科举为例，所考非所用，脱离实际，考试的"指挥棒"出现偏差，最后无法实现"学以致用"。从辩证的角度来看，考试无法绝对地反映所设定的知识与能力所构成的总体的全部，因为考试的命题具有抽样性。从严格的意义上来说，考试产生"高分低能"的概率是客观存在，问题不是取消考试，也不应"谈试色变",而是要加强考试的科学化,降低"高分低能"出现的概率,即提高内容效度。既然命题具有抽样性,考试的设计者就应该在样本上下功夫。在外语测试中,提升样本的代表性和样本的量是提高英语测试质量、发挥测试正面反拨作用的重要突破口。

2.智慧测试的"智慧性"

根据百度百科,智慧是指生物所具有的基于神经器官(物质基础)的一种高级的综合能力,包含感知、知识、记忆、理解、联想、情感、逻辑、辨别、计算、分析、判断、文化、中庸、包容、决定等多种能力。在以互联网+为主要特征的现代信息技术时代,智慧的内涵得到扩展,常见以"智慧"为修饰语的概念有:智慧城市、智慧旅游、智慧教育平台、智慧社区、智慧农业等。本节所提到的"智慧测试平台"中的"智慧"是上述概念中的"智慧",是指以人为本(具有人类工程学特征)、依托现代信息技术、智能化的网络管理平台。大学英语智慧测试平台的智慧性首先体现在以下几个方面:

(1)测试样本量大,更能反映知识与能力智慧测试平台的智慧性,《大学英语教学指南》倡导在测试形式上,应建设大学英语试题库,并推广基于计算机和网络的测试。其目的也是要扩展样本的量,避免"一锤定音"。

(2)测试形式多样化,更贴近教学实际。在形式上,有语言知识与技能的综合测试和单项测试,也有以时间划段的每周测试、每月测试、每学期测试、每学年测试;有年级或班级的统一测试,也有学生自测,形式多样,能满足不同班级、不同时间段对教与学的检测,便于建立学生学习档案、"对症下药",解决具体问题。

（3）多次测试叠加，融"测练"为一体，为形成性评估提供依据。《大学英语教学指南》明确指出，大学生英语能力测试应包括形成性测试与终结性测试，应加强形成性反馈，处理好共同基础测试与校内测试、综合语言能力测试与单项语言技能测试、基础英语测试与专门用途英语测试等各方面的关系，实现"对学习结果的终结性测试"与"促进学生学习的形成性测试"的有机结合。智慧测试平台可以随时提供组题考试，把"测"和"练"有机地结合起来，既能使学生得到语言知识与技能的训练，又能为学生英语学习和英语能力的形成性评估提供依据。

（4）网络自动评改，及时提供反馈。传统的英语考试，从命题、组织考试、评改到提供反馈，成本高，周期长，这是测试次数少、测试样本不足的主要原因之一，有些学校甚至没有段考。随着英语作文和翻译自动评改功能的实现，网络机考自动评改成为现实，自动评改为学生提供实时反馈，有利于学生对"问题"进行了解和改正。

（5）及时提供诊断，为教师提供学生"问题"清单和教学盲点。传统的课堂教学内容是基于课程本身对学生的已知和未知所做的宏观假设。由于互联网和网络丰富的学习资源，学生获取知识与能力的渠道是多方面的，传统的宏观假设受到极大的挑战，有些学生甚至感到教师的课堂"没有内容"，因此，教师如果没有捕捉到"问题"，而是照本宣科，没有"问题"针对性，自然会让学生觉得"没有内容"。智慧测试如果能及时为教师提供学生个性化的"问题"清单，教师的课堂就能"有的放矢"，不流于空泛。

（6）智慧测试与智慧学习相结合，完成从"问题"到"解题"的一条龙服务。从"学"的角度而言，学生通过自测，发现"问题"，以"问题"

为线索，转至学习平台所提供的"解题"资源，提高自主学习效率。此外，智慧学习部分还提供教师连线，为教师和学生提供互动网络空间，增强问题解决的时效性。

二、以智慧测试为导向的大学英语个性化教学模式

专为个性化教学而研发的智慧测试与学习平台为以智慧测试为导向的个性化教学提供了技术和工具保障。下面我们将根据平台的技术和工具功能，分别从个性化空间、智慧测试为导向的个性化课堂、激励机制的作业展板和外语资讯版、个性化的监控管理、个性化的评估等几个方面，阐述以智慧测试为导向的个性化教学模式。

（一）个性化中的统一空间和统一中的个性化空间

1. 两个空间，打造既合作又竞争的格局

两个空间，即公共资源平台和个人中心。公共资源平台以公共智慧测试为主体，兼顾教师提供的各种教学资源、人文科普资料、写作翻译材料和外语视频等。个人中心，对于教师来说是一个自主教学和管理的班级空间，对于学生来说是一个自主测试和学习的私人空间。每个教师都有自己任课的班级，教师在这个空间里独立管理自己的班级，其他班级学生是进不来的，在同一个教师班级里的每一个学生都有自己的个人中心，里面的内容分成三个部分：①教师提供的信息资料，包括在线测试、教案、作业等；②个人成绩，相当于个人档案，包括个人注册的信息，记录个人的测试、作业和提问情况；③信息安全，管理和修改用户信息或密码。

公共平台和个人中心互为依托，相辅相成，体现智慧测试与学习平台

的双轨思路。公共平台代表的是统一：统一测试、统一辅导，是统一背景下的自主测试和学习的主场。全校大学英语课程使用的教材基本上是统一的，同年级集体备课，推出统一的教案、PPT和测试题，但这并不意味着这一切必须统一执行；相反，我们鼓励在统一的基础上发挥个性，教师可以根据自己班级的实际需要决定自己的教学内容、教学方式和教学规模等，这就利用到了个人中心空间，个人中心空间代表的是独立和个性化的空间。

每个教师都会把自己的班级作为教学的重点对象，所以班级空间自然而然成为他们的主要工作区，而外部的公共资源平台是班级工作区所依存的大环境，教师在经营自己班级的同时，也要建设大家庭，教师发布教学信息（测试、教案、作业等）时，也需要把优秀的资源跟大家分享，把信息发布到公共空间平台上。两个空间的划分造就了一个既合作又竞争，既互相依赖又互相独立的格局，合作和依赖是教学个性化中的统一，竞争和独立是统一教学中的个性化。

2.教师之间的信息分享和个性化的合作

教师在工作和交往中自然形成的友谊，使得他们在教学上也自然形成某种信息交流和共享的"小团队"。个性化教学尊重这样的选择，教师可以通过密码手段与其他教师分享自己编写的测试题、教案和作业，分享经验，这样既注意个性又关注整体，有利于教师职业发展以及个人知识与技能的不断提高。

3.动态的、教师共同参与的题库建设

教师后台还建有一个动态的题库，作为智慧测试的主要资源依托。题库有两个端口，一个是输入端口，一个是输出端口；前者用于添加题库资料，后者用于提取题库资料，进行组卷测试。题库资料来源有两个渠道，一个是购买的资料，另一个是教师自己编写或整理的资料，每个教师都可以通过输入端口添加资料，供大家共享，系统会给资料进行编号、分类，避免重复，随着资料的不断输入，题库会越来越丰富，越来越庞大，在另一个端口，教师可以提取资料进行组卷。教师共同参与的题库建设，给题库带来了无限的生命力。

其他的功能包括难度排行。以班级为单位计算，测试结果丢分最多的题目位于难度排行之首，教师从这了解到学生学习的难点和重点。

（二）以智慧测试为导向的个性化课堂教学

1.以智慧测试驱动课堂

测试、教案和作业是以智慧测试为导向的大学英语个性化教学的主线，其中测试是主线的驱动力。测试不是传统意义上的考试，传统意义上的考试是对教学效果的评估。智慧测试是教学前的诊断，测试量大，覆盖面广，贴近教学内容，测试形式多样，循环叠加，自动评改，测试分析。测试规模可以根据需要来选择，有全校统一的测试、班级内部的测试、以小组为单位的测试和针对某个学生的个人测试。测试又分为课外的自由测试、要求测试和课堂内部统一时间的倒计时测试，还可以分为一次性测试和重复性测试。课内统一测试要求做好保密，测试前一分钟发布试题；课外测试可以用电脑和手机进行，课内考试只能用手机或平板电脑。学生根据不同要求进行测试，提交时马上得到结果，如果想继续充实和巩固某些知识点，学生可以选择强化指导。测试的目的是发现问题、解决问题，为教师改进教学和个性化辅导提供依据，让不同情况的学生得到个性化关照，教师还可以以此因材施教，把一些指定的教学信息发布给指定的学生，实现精准的一对一个性化辅导。教师根据测试结果了解学生的难点和重点，编写教案，布置作业加以强化，再发布新的测试，形成循环叠加，步步提升。

2.智慧测试导致课堂的个性化和多元化

除了一定量的课内测试，更多的测试是课外自由测试，目的是利用好课外大量的碎片时间，这样一来课内就可以避免教学内容的重复和浪费，课堂时间主要用来针对性地解决学生的问题，处理平台不能处理的问题，包括教师与学生、学生与学生的情感互动、头脑风暴、专题讨论、辩论、思辨、口语训练、知识的拓展、学习策略的探讨等。学生学习的难点是有差异的，学生的需要也是多样化的，智慧测试为导向的课堂教学也应变得个性化和多元化。

3.个性化的师生互动和答疑选择

学生的在线提问可以选择公开和非公开两种形式。选择公开提问，学生的问题和教师的答复都将被公开，大家分享；非公开提问只限于教师和提问的学生之间，别人看不到。很多学生更喜欢私下问教师问题，比较普遍的有代表性的问题，教师可以统一解答，甚至在课堂上做重点辅导。

（三）建立激励机制的作业展板和外语资讯板

为那些作业和测试做得非常出色的学生提供一个展板，展板上展出优秀作业，这样会收到很好的激励效果。智慧教学模式注重个性化教学，但并不意味着可以忽视人的社会性和人与人之间的互动，通过展板，进行榜样引领，激发一定程度的竞争意识是很有必要的。

（四）个性化的监控管理

过程监控是个性化教学的一个关键环节，没有监控，教师无法知道学生是否在按计划进行自我测试或学习，教师可以对每个学生进行网上监控，监控指标包括上线时间、在线学习时间、测试的得分或丢分情况。实时监控保证教师布置的任务能及时完成，对测试结果进行监控，教师就可以发现学生的难点、弱点，便于下一步实施"基于问题"的精准辅导。

（五）个性化的评估

个性化教学要求有与之相适应的教学评价制度。个性化评价体系包括对学生学习效果的评价和对教师教学效果的评价。由于智慧测试的全方位考核和档案管理的人性化，无论是教师还是学生，后台数据都能反映教与学的效果，为教师和学生提供个性化的效果监测数据，有利于开展针对性的教学管理。

总之，大学英语的个性化教学是时代发展的必然，网络和大数据时代提供了强有力的技术支撑，大学英语教学改革应与时俱进。以英语智慧测试与学习平台为技术手段，以智慧测试为问题诊断和效果的检测方式，加强了评估手段的科学性以及测试对学与教的反拨作用。通过智慧测试平台，使"测—学—教"融为一体，互为依据，体现了"学"的中心地位。"测"既是起点也是终点，两点之间循环反复，构成了一个完整有机整体。"测试"是找出"症"的关键，只有找出了"问题"，学和教才能对症下药，增强学和教的"问题导向"和针对性；同时，"测试"也是学和教效果的检测方式。以智慧测试为导向的个性化教学实践对大学英语教学改革起到了较大的促进作用。

第二节 智慧教学设计的基础理论与教学设计

　　智慧教学是以斯滕伯格智慧平衡理论为理论基础，以学生智慧发展为目的，以思想交流为本体，以教学发展过程为重点的教学。智慧教学以发展学生智慧为目标精心安排编制整个教学过程，如教学目的、教学过程、教学评价都要围绕发展学生智慧这一教学目标来展开。智慧教学以思想交流为本体，包括以下几个方面：教师和学生之间的交流、学生和学生之间的交流、学生个体与环境之间的交流以及学生自我的内部的交流。教师和学生之间的交流，即学生和教师之间有关情感和理性的交流；学生和学生之间的交流被许多教学流派所忽略，实际上，学生和学生之间的交流无论是情感的交流还是理性的交流都很大程度地影响着学生思想的发展和形成；学生和环境之间的交流包括学生与自然环境和学生与社会环境之间的交流两个部分。

一、智慧教学设计的理论基础

（一）人本主义理论

　　人本主义理论认为，一切教育行为应以人，尤其是人的情感发展为重点，不能够只关注知识与技能的传授；教育的最终目标应该是培养和促进学生的成长，教会学生如何学习以及如何顺应环境变化，即培养会学习的人。该理论的倡导者罗杰斯反对把学生看作动物或机器，更反对把学生看作自私、反社会的动物，他强调要把学生当作人来看，相信学生自己的潜能，只有把学生培养成为"会学习"的人才符合以人为本的教育主张，才是"有意义"的学习。如果想要提高教学效果，那么最有效的途径就是对学生进行有意义的学习教育，这样才能达到期望的教学效果。

（二）智慧平衡理论

20世纪美国心理学家罗伯特·斯滕伯格将智慧定义为缄默知识和外显知识的运用。智慧是一种特殊的实践智力，实践智力是在人们面对困难时寻求的应当"做什么"的答案，而智慧则是当人们面对困难和选择时寻求"如何做才更完美"的实践方式。智慧是为平衡各方面的利益关系而达到各方面利益的最大化，这与满足个人的利益或是一小部分人的利益，而牺牲集体或是更多的利益观念相矛盾。

（三）素质教育理论

素质教育是以提高全体学生综合素质为根本，以培养德智体美劳全面发展的合格公民为培养目标，以促进人与人、人与社会、人与自然和谐发展为价值取向，以人的全面自由发展为教育根本动力的全人发展的教育。从国家与社会的发展层面来讲，素质教育的目标是提高全民素质，进而为国家的发展提供人力资源支持。从个人的长久发展层面来讲，素质教育的目标是培养全面发展的人，它立足于人的全面发展，以学生为本。素质教育是关注学生的学识、能力乃至品质提升的教育，其中学识是指知识、技能等；能力指思维能力、动手能力等；品质是指道德修养、个人境界。相对于单独片面地追求高分的"应试教育"而言，素质教育的目标更高，也更符合个人的全面发展和国家发展的需要，素质教育更加尊重人的追求和作为社会人的基本要求。这是智慧教学目标追求学生智慧发展而非单纯追求学生知识积累的思想来源。

二、智慧课堂教学设计

（一）课前阶段——教学目标预设

传统的课前阶段为教师的备课和学生的预习。教师方面主要是写教案、备教材、备教学方式、备学生，这一切大多是基于平时对学生的了解和经验来展开的；学生方面主要是针对教师给的相关材料和课本，提前了解、学习即将讲授的内容。智慧课堂理念的出现改变了传统的方式，它课前阶段的主要目标是对课堂进行目标的预设。教师可以利用智慧教学平台提供的学生学习情况分析，准确掌握学情信息，进而对教学目标和教学重点进行合理的预设；学生可以通过在课前预习环节，完成教师安排的预习测试题或相关讨论并提交到平台上，还可以把预习过程中出现的各种问题记录在平台上，让教师提前有所了解。这样一来，无论是教师还是学生都可以制订出合适的教与学的设计方案，为后面的课堂教学提供了有力保障。

（二）课中阶段——关注师生互动

传统课堂的课中阶段大多是教师的课堂讲授和学生被动听课、记笔记，互动方式仅限于教师的提问和学生对问题的回答。智慧课堂所关注的更多是课堂中的师生互动、生生互动。教师可以通过课前预习反馈，针对预习过程学生的问题进行讨论式教学；也可以通过创设不同的语言情景，类似于PBL项目式教学方式让学生展示、讲解他们的课前预习成果；还可以通过测试，检测学生的预习情况。最后，教师根据课前预设的重难点和课堂展开情况，对相应知识点进行精讲，辨析难点、加强弱点、突出重点，通过师生有意义的互动和交流，培养学生创新思维和能力，促进学生对知识的重新建构，实现有意义的学习目标。通过一系列的自主活动能让学生全程参与课堂教学，真正成为课堂的主人，变被动学习为主动学习。

（三）课后阶段——侧重个性化辅导

传统课堂的课后阶段一般以作业布置—作业完成—作业讲解为范式，这时候无论面对什么水平的学生教师布置的作业一律是统一的，无难易、深浅之分。但智慧课堂关注的是个性化作业，教师根据课前学生的预习反馈、课上的学习状况，对学生在该章节内容的学习有了充分的了解之后，借助信息化平台和大数据的分析对学生的课后作业做到个性化安排和辅导。基于平台学生能够及时了解到自己的作业、测试等具体学习情况，也可以在平台上发布自己的学习感受或困惑，与教师、同学讨论交流，进行课程反思。教师可以根据学生的课后反馈及时调整下一次课的备课，以利于实施针对性的教学，真正实现有意义的教与学。

智慧课堂教学设计的关键是"互动"，师生互动、生生互动。首先是课前预习阶段学生获取信息过程的互动，教师可以在这一阶段具体指导学生如何搜集课程资源，如何制作课程需要的文件或PPT，让学生知道在什么地方查找、如何查找、如何呈现预习材料等，实现课前互动；其次是课上阶段的互动，通过课堂测评、成果展示、问题反馈等过程来实现；最后是课后作业互动，教师及时掌握学生的作业情况，学生及时了解自己作业的批改情况，等等。

智慧教学是大数据环境下课堂教学不可避免的产物，教师的智慧设计是一切的前提，但要实现真正意义的智慧教学设计和课堂仍然任重道远。比如，如何真正实现个性化教学和因材施教；如何根据大学英语课程特点构建相适应的智慧教学模式；如何客观、科学地测评智慧教学效果；等等。这些都需要我们进一步地关注和深入研究。

第三节　泛在生态学习的大学英语智慧学习

互联网中随手获得的知识信息，加之以生态教育思想，创新了智慧生态学习的空间，为大学英语教学改革提供了可操作性，使得英语智慧学习呈现"五化"特征：泛在化、效用化、智能化、互动化、持续化。本节基于不受时空限制的泛在学习视角，以英语学习生态化、融合化、智能化的新观点，探讨英语教学回归生活本真，走向智能生态学习的路径。

一、泛在生态学习观的内涵

关于泛在学习学术界给予了不同的诠释，泛在学习（U-learning）是数字学习（E-learning）的延伸，移动学习（M-Learning）也逐渐引入泛在学习体系。"互联网+"教育的普及化、泛在化，使得学生可随时随地地进行学习活动，学生个体可以根据各自的需要把所有的实际空间变为学习的空间，把所有的碎片时间变为学习的时间，实现知识获得、储存、使用、创造等智能化管理。泛在学习的持续性、直接性、交互性和主动性的特点是生态学习观的另一表现形式。生态学习观就是追求人自身的全面发展，重视人与人之间、人与自然之间的和谐，追求精神层面的满足。通过泛在生态化的智能学习，学生的知识与能力结构、学习方式都发生了变革。

二、泛在学习的主要生态问题

第一,英语学习长期缺失真实的生态交际语境,教与学的生态失衡,难以实现人所习惯的、自然交互的语言交际需要;传统的大学英语教学以教师为主导、以教材为根本,教学水平的高低取决于教师水平的高低,加之学生自身学习爱好、认知方式、学习能力的偏差,导致教育的公正公平、学生的个性化没法保证。第二,英语教学中建构的非生态"人工情景"教学,同一大纲、同一标准训练,势必造成真实语境缺失和教学生态位重叠。第三,泛在学习资源所应具备的生成性、共生性不足,学习过程的设计和支持情境的社会认知不明确,学习资源从传统形态向学习共同体形态转变不足。

三、泛在智慧学习的路径

(一)建构智慧学习框架

建构智慧学习个人需求框架,允许学生根据个人的需求情况,感知全方位的学习情境和社会关系,记录学习历史数据。建构智慧教学生态框架,根据教学要求,按学习方式分为:差异化学习、研创型学习、自主性学习、互动性学习。差异化学习强调掌握基础知识与核心技能;研创型学习培养学生综合应用能力;自主性学习依照个人偏好与发展需要,选择学习资源;互动性学习通过广泛互动方式,依靠集体智慧掌握综合技能。学习平台将生成实用性学习卡片,跟踪记录学习全过程。

(二)创建多元化交互学习环境

构建互动性强、效果好的微信英语学习平台,将微课教学模式应用到大学英语教学中来。教师在设计微视频课件时可以采用"常规设计"为主、"兴趣设计"为辅的策略,提升学习资源的优势互补。在网络技术的支持下,努力寻求相应的学习平台,讲授知识点、传递文化背景知识;协同完成学案设计、解难答疑等工作。

(三)引入先进的智慧学习环境

在Unipus智慧课堂里,学生不仅可以学习知识、训练思维,还可以塑造人格。在虚拟环境中参与式和自主式的学习方式使得传统教师被智能机器代替。课前学生利用碎片时间,通过智能训练,完成那些重复性和标准化程度高的语言锻炼活动;课中集中做有针对性的练习,发挥思辨能动性,从学习中获取快乐;课后,学生在宽松的环境里独自探索,实用的工具和丰富学习资源能够让学生充分自由地选择学习方式,体验多元文化,在积极参与互动的同时启迪心智,提升学习效率。

(四)构建智慧的学习服务

在大数据时代,教师需要了解、掌握学生的学习习惯、喜好等信息,定制更为精准的学习计划。学习伴随即时、多样性的评价,有利于学生及时调整学习策略。学生借助人工智能,在大数据的智能分析下,以语言为载体、以技术为支撑,培养跨文化思辨教育新思路。与此同时,教师要及时发现教学问题,调整教学路径。

(五)构建多元的教学管理

智慧教学环境为师生提供了教与学的活动,呈现了教学的任务,为构建在线开放式、混合式、翻转式教学活动创造了条件。教师通过线下自主与集中的学习方式,发挥着组织引导与监控学生的作用,同时鼓励学生在线学习，调动学生的积极性、主动性，提升学习能力。传统的学习方式、先验性、过程性和总结性评价模式，将会被学习平台的学习跟踪与自动评分系统取代。

探索智慧学习模式要认真吸取国内外先进经验，找到符合学生特点的智慧学习转型升级道路。在信息技术与教育深度融合发展的大趋势下，智慧学习转型升级不能简单停留在模式上。只有实现高质量、高能级的转型升级，智慧学习才能适应创新社会的要求，实现自主学习数字化、网络化、智能化水平的提升。智慧学习构建要突出学生发展的需求牵引，紧密结合经济社会发展和学生自我迫切需求；聚焦教育、放眼世界、着眼未来，提升学生学习获得感；探讨激发学生活力的众创机制，突出智慧构建成效普遍惠及个体差别学生，加强智慧学习普遍服务，促进智慧学习管理迈上新台阶。泛在智慧学习是整个学习生态"大系统"的子生态系统，对当前经济社会发展有着极大的推动作用和影响；同时，智慧学习本身就是一个"小系统"，驱动智慧教育内部生态向平衡的、协同的和良性循环发展。

第四节　智慧教学系统研究

智慧教学在分析教育大数据的定义内涵、实践范例、发展趋势的基础上，创建学习者、教学者、研究者、管理者、教育资源与服务提供者等多方参与的"智慧"教育生态，使更多英语教学者和学习者能够受益，帮助高校推动教育与信息技术的深度融合。

一、大学英语智慧教学测试系统

智能教学、深度学习、知识搜索和虚拟现实是信息时代高等教育的必然选择和英语人才培养的必要条件。例如，在外研社主办的2016年"外研社杯"全国英语演讲、写作和阅读大赛中充分运用了人工智能、大数据、移动端等互联网元素，人工智能辅助赛事成为现实。此届大赛将线上学习平台延伸到移动端，提供备赛课程、赛前训练，基于云计算、机器学习和大数据分析，通过强大的信息反馈和数据统计功能，提供内容评阅、数据反馈等技术支持，提高选手的答题效率和评阅质量，同时还为学生提供自习方案、为教师教学提供策略依据以及科研数据支持。赛后，选手和学校还可以继续使用Unipus账户，体验丰富的英语测试和海量题库，进行阅读和写作训练、检测英语水平，以练促学，以测促教，将英语学习持续进行下去。

智慧教学在给大学英语教学带来新机遇的同时，也带来了新的挑战。面对如何使智慧教学发挥更有效的作用以得到更广泛和全面的实践，一些高校建设了智慧教室，有机融合教学内容与能力实践；同时引入iTEST 3.0大学外语测试与训练系统减轻学校测试压力，通过对教学数据的多维度处理践行"以测促教、以测促学"。例如，中国矿业大学已经连续四年使用iTEST 3.0进行校本英语水平考试，系统的自建题库功能、机考客户端的安全稳定防作弊的特点、一键导出考试统计数据的便利，为该考试提供了有力保障，同时还节约了试卷印刷、人工阅卷、人工成绩统计的成本。在该届大赛中，外研在线自主研发的测评系统提供了稳定可靠的技术支持和专业优秀的内容把关。

二、外语智慧教学训练系统

在信息化时代,面对高等教育在国家需求、国际竞争环境、教育资源等方面的重要变化,高校英语教育智慧教学顺应了国家发展大势,英语智慧教学需要发挥教师智慧、增进学生智慧。U校园正是以此为基础,全面升级、全新起航的"智慧教学云平台",提供教学决策所需要的引导与帮助,满足高校混合式教学模式的需求,以实现学习分析技术在教学实践领域的实用功能。"U校园"横跨教、学、测、评、研、服务等方方面面,用iLearning等全方位自主学习体系加强学生综合语言运用能力,U讲堂、iResearch等丰富深入的教研支持服务教师终身发展,将技术完全融入教育过程,构建良性循环的和谐教育信息生态。教师通过"U校园"移动端,收集学生学习数据,根据不同学生的学习差异选择适当的评价方式,并制定出不同层次的评价目标,采用定性评价和定量评价相结合的方法,科学地反馈教学成果,最终让学生得到不同程度的提高和进步。

在英语学习的大数据背景下,实现"智慧教学"的有效途径之一是iWrite 2.0大学英语写作教学与评阅系统平台的开发,iWrite 2.0采用链语法和有监督的机器学习相结合的方法,从语言、内容、篇章结构及技术规范四个维度对选手的文章进行机评,同时结合人评,提供全面分析,有效提升写作能力。在iWrite 2.0中设计了阅读、写作和分析三个模块,其中阅读模块正是基于对语言理解能力的考量。iWrite 2.0系统提供的阅读库支持教师根据材料难度、题材等进行筛选,进而选择最符合教学需求的文本语篇。此系统对作文语言和内容的评估也充分考虑了"读后续写"的独特性，对文章内容切题性和连贯性的考察，可以视为针对这一题型的个性化评阅方案。iWrite 2.0对英语写作教学的辅助作用以及在该过程中产生的大量动态、真实的数据资源，能够为高校英语写作教学及研究提供新的方向与方案。此外，iWrite Corpus秉持"库学同源、库研同步、库教同理"的理念，通过对高校、专业、使用场景、作文题型等多类元信息进行动态追踪及监测，为中国英语教学提供基于智慧教学的形成性评价和真实语言用例及数据支持。iWrite 2.0和iWrite Corpus不仅能为研究者所用，也能帮助英语教师进行有据可依的教学实践。

智慧胜于知识，大学英语智慧教学为英语教学带来了机遇与挑战，课堂重在重构，智慧教学的教育新格局逐渐形成。然而无论时代如何发展，智慧教学的本质是培养人才，智慧教学与智能学习实质探讨的是新技术如何促教、促研、促学，智慧教育新生态将推进我国高等英语教育的深刻变革。

第五节　大学专门用途英语智慧课堂及教学

自从2009年起，国家教育部门提出了在大学课堂开展专业英语领域的创新教学以后，大学专门用途英语教学真正经历了理论论证和实践试点两个阶段，进入了快速发展的轨道。智慧课堂教学通过信息时代构建技术融合的学习环境，能够有效推动大学专门用途英语实现技术、方法和实践创新化，保证学生在科技英语、商贸英语和社科英语等各个英语分支都能掌握更多技能，实现英语教学的社会化转换以及读写能力的有效提升。

一、大学专门用途英语智慧课堂的教学价值

（一）打造大学专门用途英语智慧课堂的教学框架

在大学专门用途英语课堂，开展智慧课堂这种教学模式需要从智慧教育理论、智慧教学环境、智慧教学法、智慧人才四个方面构建教学框架，实现多媒体、大数据、云计算和移动互联网等新一代信息技术在大学专门用途课堂教学的应用和发展。在大学专门用途英语智慧课堂教学中，智慧教育理论发挥着宏观统率的作用，它主要用来强调智慧课堂的教学策略和它在课堂教学每个环节的应用原则；智慧教学环境是开展智慧课堂教学的外部因素和实施大学专门用途英语的教学手段，它涵盖了众多信息技术为代表的"硬"智慧环境和以情境教学法、游戏教学法为代表的"软"智慧环境；智慧教学法主要包含"智能""机智"和"智慧"为一体的教学策略、方法和体系；智慧人才包含专业的英语知识、良好的价值取向、崇高的思想品德和较强的社交能力等诸多智慧要素，是利用智慧教育理论，营造智慧教学环境，实施智慧教学法所达到的最终教学目标。

（二）点燃大学专门用途英语智慧课堂的智慧火花

在大学专门用途英语课堂，智慧课堂的出发点和创新点在于"智慧"这两个字，它需要利用互联网教育开展智慧型大学英语专业课程教学，学会利用大数据、云计算和物联网等信息技术推动智慧教学理论建设和智慧课堂教学实践，真正实现大学专门用途英语教学的开放性、高效性和引导

性。在大学专门用途英语课堂教学中，智慧课堂可以利用点对点或者点对面的开放式教学系统来强化专门用途英语的职业性和学术性，引导学生掌握其特殊的语言特性。利用智能化的移动教学工具，大学专门用途英语教学可以真正实现课前、课中和课后的教学活动全面开展，能够在教师与学生、学生与学生、学生与课本之间创立高效互动的教学机制，保证学生能够第一时间访问学习型专业语言资料库，并在师生之间建立畅通无阻的沟通交流渠道。利用智慧课堂教学，大学英语教师能够保证大学专门用英语教学做到有的放矢，引导学生利用智慧课堂教学工具开展资料查询、情景演练、问题讨论和学习交流等学习活动。

二、大学专门用途英语智慧课堂的教学设计

（一）利用智慧课堂开展专门用途英语合作教学

智慧课堂是当前大学专门用途英语教学广泛应用的课堂教学模式，它集合了电脑软硬件、教育信息系统、智能终端软硬件的智能化教学方式，真正实现了基于信息时代物联网技术为核心的"智能化"教学要求。通过智慧课堂的智能化教学方式，教师可以创建实施多层次、多手段的合作教学形式。首先，大学英语教师在开展专门用途英语教学时，应该学会利用多媒体教学终端、互动式电子白板等教学设备协助学生开展目标英语教学内容的情景演练以及教学内容的信息搜集，真正实现基于专门用途英语的自主学习和合作交流。其次，大学英语教师应该学会利用教育信息系统、信息交流平台和智能教学终端整理课堂教学重难点，为学生搜集课堂练习和课后阅读的作业清单，引导学生开展教学目标的课堂练习和课后复习，

积极阅读英语专业杂志、文学作品等，实现英语学习能力的拓展和提升。最后，教师应该利用视频采集软硬件、视频编辑软件和网络信息平台录制专门用途英语的微课视频，组织学生开展自主学习和交流分享，推动教学成果的有效转化。

（二）利用智慧课堂建设专门用途英语教学平台

大学专门用途英语不是简单的英语专业教学，它着重强化了英语专业学生的特定细化需求，强调科技英语、商贸英语和社科英语在职业与学术层面的专业用途，保证专门用途英语教学内容能够迎合特定的英语专业岗位需要，对于专门用途英语在专门词汇、教学语法和教学语境等方面都提出了细化要求和专业划分。因此，大学英语教师应该学会利用智慧课堂建设专门用途英语教学平台，研发出基于专门用途英语的各行业和学科专业的教学资源，建立教学平台。一方面，大学英语教师应该学会利用云计算技术和网络信息技术搜集开发出专门用途英语的专业语言资料库，推动专门用途英语课堂教学、教材编写和评估测试的有效开展，甄选收录各专业的特定词汇、行业情境和高频词汇，使本专业学生能够掌握专业词汇、文献和口语。另一方面，大学英语教师应该学会建立基于电子书包的大学专门用途英语"智慧课堂"系统，学会将大学专门用途英语行业情境、高频词汇、参考文献等知识点制作成"微课"教学视频，上传到英语教学平台，形成大学专门用途英语的慕课平台，供本行业或专业的大学英语教师和学生下载应用和交流共享。

（三）利用智慧课堂设定专门用途英语教学标准

我国大学英语教学遵循的教学纲领性文件主要包括《大学英语教学大

纲》《大学英语教学课程要求》和《大学英语教学指南》等，它们是教育部根据全国高校英语专业教学要求和学生学习需求统一制定的国家英语专业教学质量标准。目前，统一的全国高校教学质量标准已经不能满足科技英语、商贸英语和社科英语等专门用途英语的教学需求，因为国家、社会和学科专业对不同英语专业和就业岗位的需求不尽相同，迫切需要利用智慧课堂等教学手段来设立专门用途的大学英语教学质量标准。一方面，大学英语教师应该学会利用智慧课堂等信息技术来划定专门用途英语课堂教学目标，实现如医学、电工、经济、秘书、心理等专门用途英语专业的划分，实现不同专门用途英语的教学标准设定。另一方面，大学英语教师应该利用智慧课堂创建智慧教学服务体系，寻找专业用途英语在资源管理、课程标准、数字化教材、评价标准、动态数据库等不同层面的教学质量标准，推动大学专门用途英语在智慧课堂实现阅读能力、翻译能力、口语交际能力、书面写作能力、信息搜集能力等英语综合素质的提升。

目前，我国大力推行的智慧课堂是一种以创新型的信息技术为基础，蕴含了大数据、云计算、移动物联网等诸多技术为手段，探寻智能聪慧的课堂教学新模式。在大学专门用途英语课堂教学中，智慧课堂实现了教学对象数据化、交流互动立体化、教学资源智能化、评论反馈及时化，保证大学教师能够全面变革传统大学英语教学的课堂结构，推动课堂教学向着职业化和学术化方向深入开展，真正构建了大数据时代的信息化课堂教学新模式。

第六节　基于需求分析的大学英语智慧课堂及教学

大学英语教育应以满足社会发展需要及学生个人需要为着眼点，本着"因需设课"理念构建"互联网+英语教育"智慧课堂。从教学方法设计到教学活动的组织实施，都应实现高校英语教育和社会英语教育的深度融合，这在目前已是提升英语教学实效的必然选择。

一、需求分析与大学英语智慧课堂

根据笔者对学生现实需要的调查，研究发现，学生在接受英语教育时会遵循职业需求、社会需求，结合自身心理需求进行选择性学习。不少学生希望能在英语课堂学到与社会发展需求、个人心理需求相关的英语知识，切实提高实际应用英语的能力。因此，大学英语理应在需求分析基础上设计大学英语课程教学，尽可能与学生的专业知识学习及职业技能培养相结合，真正适应全球语境下的教育个性化、文化多元化发展趋势，满足社会对英语人才的多样化需求，同时要符合学生的差异性英语水平和多层次英语学习需要。

学生的学习需求并不是千篇一律的，社会对人才的需求也在不断变化，因此，需求分析应该是一个连续的、动态的过程，确定满足需求的最佳方式还有待进一步探索。在笔者看来，大学英语教师应努力构建"互联网+英语教育"智慧课堂，以使英语教学目标、教学内容、学习要求、考核方式等能够适应社会发展需要和学生现实需要。

智慧课堂所装备的视听、计算机、投影、交互白板等声、光、电设备，能够实现课程资源的人性化、形象化与动态化，让教师更快捷方便地利用视听、白板等设备将教学内容展现给学生，使大学英语教育和学生专业知识学习、职业技能的养成相结合，并在专业人士指导下及时了解市场和社会对人才综合素养的最新需求，这样能为调整教学目标、课程设置、教学内容和教学方法等提供依据和支撑。

二、构建大学英语智慧课堂的基本思路

（一）建设大学英语教学资源库并融入学校课程体系

截至目前，我国的大学英语教学还停留于应试教育的层面，忽视了学生的个体差异性。笔者试图以慕课资源在大学英语课程中的优化整合与协同辅助教学为范例，通过大量引入慕课和微课优化整合大学英语课程教学资源，谋求资源共享和校际联盟，追求卓越的教学效果；借助信息技术重塑大学英语课程，改变学生发展为考试服务的痼疾，让学生真正成为英语学习的主人。

（二）创建基于互联网的英语教育研究共同体

大学英语教师应在真实、开放、灵活、动态发展的网络化教学情境和研究过程中，结合教学实施过程中交际训练的成效，创建基于信息技术应用的英语教育研究共同体，让广大同行以满足学生个人需要及社会发展需要为着眼点，以提升英语教育实效为目的，突破时空限制，随时随地能就共同问题进行体验式研讨与合作。

（三）以学定教并使高校英语教育向社会延展

大学英语教学应基于"互联网+自媒体"构建智慧学习空间，实现线上线下一站式、混合型、交际化教学，根据学生的现实需要开展教学活动，针对学生实际情况和存在问题以学定教。笔者认为大学英语智慧课堂可借鉴以往成功的教学模式，立足课内、放眼课外，充分利用人机交互的功能，从学生现实需要出发设计教学活动，同时努力使高校英语教育向社会教育延伸。

三、基于需求分析和智慧课堂的大学英语教学设计

（一）注重实践教学环节和英语应用能力养成

英语教学过程应是学生听说读写译的实践活动过程，应以培养表达与交流能力为旨归。而大学生在听说读写译的实践活动中，总会有令人意想不到的创造，因此要淡化理论考试成绩，注重实践教学环节，应突出地强调学生听说读写译等应用能力的养成。

（二）以交际化教学活动变现翻转课堂模式

翻转课堂要求学生在课前预览课程大纲提前预习，观看教学视频和相关材料并进行沟通和研讨，到了课堂上由教师解答或是同学之间讨论解决之前学习过程中遇到的问题。因为智慧课堂信息技术设备功能的多样性，教师在大学英语教学过程中的教学方式可以多种多样，为变革学习方式提供了便利，所以，大学英语教师可以基于信息技术应用，努力尝试以开放的交际化教学激发学生兴趣，由此落实翻转课堂教学模式。

（三）利用网络平台技术改革教学方法

教师应善于利用网络平台技术，以"教、学、做"一体化为指导思想，根据不同的教学版块、不同的教学情境运用不同的教学方式，引导学生积极思考、乐于实践。笔者在实践中发现，较为行之有效的教学方法是以工作任务为导向的职场场景教学法、工作情境教学法，以及模拟社会交往以解决问题的角色扮演法等。

通过创造设置特定工作任务的教学情境，营造逼真的职场场景，可以使学生身临其境从而激发学习兴趣；把教师主导教学和学生自主学习相结合，分组教学和集中教学相结合，让学生进行自主探究、操作、讨论，引导学生对实践过程进行思考，将学到的理论知识学以致用。由于社会交往和掌握处理问题的方法几乎与所有职业人士相关，角色扮演在大学英语教学中有着不可忽视的重要作用。角色扮演有两个方面，一是学习和把握自己所要扮演的角色，二是了解并尊重合作方所扮演的角色，做到知己知彼。学生通过角色扮演可以了解现实生活中各种角色的社会作用，并对自身生涯规划做出适当判断、评估和必要的调整，在适应社会需求的同时满足个人需求，从而赢取个人的社会价值和快乐人生。

第七节 全球化 3.0 时代的大学英语听力智慧教学

Numan 早就强调了听力的重要性,他认为"听力是语言学习的基本技能"。事实上,学生在运用英语的过程中 50%的时间都与听力相关。然而,大学英语(包括通识英语与专门用途英语)和英语专业的课堂教学中,听力能力的培养仍然是教师教学和学生学习的难点问题之一。20 世纪 60 年代末,陆续出现了外语听力相关研究 20。20 世纪 90 年代迎来外语听力研究的第一次高潮,其研究主要局限于定性研究,表现为描述性的经验或方法介绍。2000 年以后,定量研究的文章逐渐增多,研究的视角与范围和国外差距越来越小,基本形成了较为完整的听力教学研究体系。Vandergrift 指出,国外外语听力研究主要集中在七个方面:认知、语用与情感、听力教学、多媒体环境、听力评估、学术听力和语言形式。相比之下,国内学者的研究只涉及前五个分类,根本没有涉及学术听力和语言形式在听力中的作用,就是在"语用与情感"维度层面,语用因素研究国内研究者也一直没有涉及。与国外最新研究成果相比,国内学者对听力研究的深度和广度有待进一步拓展。纵观 30 年国内学者研究成果,可以发现主要集中在传达式的外语听力研究。总之,外语听力研究的脉络大致是:前期主要从传播理论的角度探讨听力教学方法和教学技巧研究;中期开始从不同学科及跨文化角度对听力教学和测试进行研究;最近集中在网络多媒体和自主学习层面的外语听力教学研究。当前听力教学正朝以下三个方向转变:一是学生主体地位的确立,学生由过去的被动学习转向主动学习,成为学习的主体;二是听力教学从重视听力结果转向结果与过程并重；三是听力教学要结合先进的科学技术。进入全球化3.0时代，英语教师越来越注重利用丰富的网络资源，试图用信息+人脑提升课堂教学质量与提高学生学习效率，智慧教学方式与大学英语听力教学的结合产生新模式，本节主要探讨新模式的具体内容及实现方式。然而，新模式的运用也需注意认知负荷与信息解码、多模态输入与元认知、听力与其他课程融合的教学法等问题，本节也将对此进行简要探讨。

一、全球化3.0时代与英语教学

在《世界是平的：二十一世纪世界简史》的畅销书中，全球化进程按其行为主体的不同，被划分为三个阶段：全球化1.0版（1492年—1800年），这个阶段，是劳动力在推动全球化进程；全球化2.0版（1800年—2000年）是企业的全球化，工业革命扮演主要角色；全球化3.0版（从2000年至今）指的是在互联网时代，人与人之间沟通无界限，全球融为一个市场，劳动力和产品均可全球共享，国际竞争加剧，地球由此被"铲平"了。

在全球知识经济浪潮之下，英语学习已经不仅仅是一种语言知识的简单积累和储存，而是更加注重整体英语能力的培养和提升。在结构主义影响下，我国传统的英语学习，以语言知识为结构，以词汇、语法或是基础语言技能为核心，英语考试则以语言知识点作为考查范围，由此形成了一个封闭机械的英语学习范式。当下的英语学习应积极借助于以互联网为核心的现代教育技术，创设人机友好的英语学习环境和界面，通过自主学习和有效教学方法，完成英语基本知识和基础能力的学习任务。大学英语听力教学也应顺应这一发展趋势，因此有关大学英语听力智慧教学模式的探讨就变得十分有必要了。

二、大学英语听力智慧教学模式

智慧教育作为教育信息化的高端形态，对教育改革的方向起着引领的作用。教育信息化是实现智慧教育的手段和途径。笔者理解的智慧教学，是指教师与学生在教学过程中充分利用信息化时代的网络资源，优化传统的教学模式，从而实现提升教学效果和提高学习效率的目的。在下面的探讨中，本节将围绕大学英语听力智慧教学模式展开，介绍其涵盖的三大子模式和探讨其教学影响。

（一）大学英语听力课堂智慧教学模式

该模式主要针对大学英语听力课程的课堂教学，共包含三个研究要点：第一，采用信息化手段，例如使用电脑终端教学（除了听力音频资料，增加视频资料或者PPT课件资料促进听力理解），辅以手机移动终端互动的模式（利用如蓝墨云班课等APP或网站在课堂上扩展听力相关词汇解释或者文化背景知识，提高听力前知识水平）。第二，对输入内容进行负荷控制与分类。由于在信息化技术的支撑下，师生能够随时随地、轻易地获得数量庞大的多种模态的英语视听资源，输入内容呈现碎片化、认知负荷高的显著特点，如果不对其进行处理，会严重增加学生的认知负荷并最终影响课堂教学的效果。因此，教师可以采取以下处理方式，如采用大数据搜集同样主题的不同类型的听力材料进行连续输入，强化学生对该主题的语言知识和背景文化的了解，强化学生对该主题的认知理解能力；根据输入内容的难度选择单、双或多模态的输入方式，缓解学生的焦虑心理，帮助学生在听力过程中构建元认知。第三，教师采取信息化的手段进行效果分析，例如可以用电脑终端随堂测试和分析测试结果，或者通过APP和网站上的听力测试题目来获取学生学习进度、学习轨迹等相关信息，分析错误类型，并结合测试成绩进行学习效果分析。

（二）大学英语听力自主智慧学习模式

该模式主要是针对大学英语听力的自主学习，共包含四个研究要点：第一，在自主学习模式上如何引导学生进行模态选择，如在课堂上进行了对话听力后，课后可以通过观看系列对话视频节目来强化学习效果，同理如果课堂上训练过听写，那么在自主学习中可以继续观看同类别的听写教学系列节目，或者提升难度观看没有英文字母的视频以达到提高听写能力的目的。第二，信息处理，这是自主学习的一个难点，教师要通过线上互动形式指导学生根据自身水平、兴趣和目标着手从庞杂的听力与视频信息中筛选适合的输入内容。第三，认知负荷控制，输入内容的难易直接影响认知负荷的高低，教师应该引导学生注意控制认知负荷并使其保持在波动范围内，听力或视频材料太难或者太容易都不利于认知负荷的控制和听力能力的稳步提升。第四，效果反馈，信息化时代的学生在自主学习过程中可以利用学习软件来记录学习进度和学习成效。

（三）大学英语听力整合型智慧教学模式

这是一种在智慧环境下用拓宽阅读知识来提升听力理解能力、以朗读促进听力理解的整合型听力提升模式。全球3.0时代使得线上线下混合教学方式更容易实现，利用智慧教学手段来综合改善语音、语法、百科知识、认知理解层面的状况才是治理听力问题的根本所在，具体表现为指导学生用英语趣配音等软件锻炼配音朗读能力以改善语言状况，指导学生登录英语报纸杂志的网站，或用百词斩、爱阅读等APP来拓宽百科知识面等。

三、智慧模式中的核心问题

在智慧教学模式下需要关注以下两点核心问题，第一点与认知过程和心理相关，第二点分析了"自主+合作"的学习方式。

（一）认知负荷与信息解码

1981年，John Sweller将认知负荷的概念引入教学领域，并提出认知负荷理论（Cognitive Load Theory，CLT）。该理论基于资源有限理论和图式理论，探讨信息加工过程中工作记忆和长时记忆的关系以及对复杂学习和问题解决的影响，同时也成为多媒体教学设计的理论基础，并为其提供理论框架。语言范畴相关的信号经过大脑的认知处理后，先前非结构的语言信号转变成有语言结构的信息，语言形式转化成语言内容，这就是语言信息解码。因此，在大学英语听力教学中首先要关注认知负荷控制，即控制视听输入材料的认知负荷，其次要引导学生在认知和理解的过程中准确提取和解码核心信息。

（二）多模态的"自主+合作"学习方式

多模态的"自主+合作"学习方式在大学英语听力智慧教学的实施过程中处于非常核心的位置，具体而言可以通过以下三种方式得以实施：

1.听觉模态的听力技能"自主+合作"学习方式

听觉模态是英语听力课堂教学的主导模态，即使在混合教学方式盛行的当下也是如此。首先，在网络环境下，听觉模态的听力自主学习的输入内容由原来的单一、匮乏转变为现在的多类别和丰富，如与"医疗健康"这一主题相关的对话、听写、篇章和复述等形式的听力材料可以通过搜索引擎轻易获得，为听觉模态的自主学习提供了充要条件。其次，在自主听力理解的过程中，学生可以采取同伴合作的方式，例如在笔录要点时，可以与同伴分享所写要点，比较谁的笔录信息更加完整、比较谁的核心信息的提取更加精准，请擅长笔录的同伴担任"小老师"，示范并分析笔录要诀与速记技巧。换言之，这种同伴对比与互助的方式也可以运用到其他听觉模态的练习中，如选择或判断正误等。

2.视听模态的听力技能"自主+合作"学习方式

视听模态是多媒体背景下英语听力课堂教学的新引入模态。首先，在网络环境下，视听模态的输入材料相当丰富，如与"科技"这一主题相关的采访、纪录片、新闻报道在网上随处可见，为视听模态的自主学习提供了充要条件。其次，在自主观看的过程中，学生可以采取同伴合作的方式，如在观看视听材料（有字幕）时偶然习得如习语、俚语和高频词汇这样的语言知识，可以与同伴分享心得、做视听笔记。在观看视听材料（无字幕）遇到难点时，无法理解的一方可以向另一方寻求帮助，同伴支架效用立即得到激活。

3.视听说模态的听力技能"自主+合作"学习方式

视听说模态是听力技能训练上升到顶层的一种方式，但以听力技能提高为目的的自主学习过程中，视听理解是首要目的，"说"是对视听输入内容在内化吸收之后的后期输出体现，最终对视听理解能力起到反驳作用。

同伴互助合作和同伴支架作用在视听说模态的自主学习过程中体现得最为明显，因为"说"这个输出过程需要在同伴之间展开，对话的过程也是对视听内容提高认知程度的过程。

全球化 3.0 时代为英语教学改革提供了技术支持，对大学英语听力智慧教学模式的初探符合新技术时代的教学改革发展趋势。这一模式的提出对师生提升大学英语听力教学的效果将会有一定的帮助，今后笔者也将对这一模式的实践效果进行一系列的实证研究，并根据结果来予以完善。

第六章 大学英语智慧教育模式构建与教师能力培养

第一节 互联网+智慧教学——大学英语教学创新路径

"互联网+"是互联网发展的新业态,"互联网+智慧教学"模式的探索,对促进大学英语创新改革具有积极作用。从传统的大学英语教学情况来看,普遍存在教学创新能力不足、教学方式固化、教学效果低下等多方面的问题。想要解决上述问题,则需要充分利用"互联网+"所带来的便捷性,探索智慧学习的模式,从而在多方面解决大学英语教学面临的现实问题,探索新的发展空间。

一、"互联网+智慧教学"对大学英语教学的积极影响

"互联网+智慧教学"是对传统大学英语教学模式的一次全新冲击,现代信息技术与传统的教学模式的充分融合,对大学英语教学的推动作用显著,笔者将从以下几个角度对其产生的积极影响进行详细阐述。

（一）推动教学模式创新

传统的大学英语教学实践，教师在开展教学的过程中，多是以教学大纲为教学的核心，并按照固定的步骤开展教学，教师在课堂之上扮演着主导者的角色，并且在开展教学的过程中，使用的教学方法、教学手段以及评价方式等，都是依据传统的教学框架来选择的，导致大学英语教学本身的创新性严重不足。对此，大学英语教学模式想要适应教育现代化的要求，则需要摸索出一条全新的发展出路，即构建"互联网+智慧学习"的模式，该模式的应用彻底打破了传统大学英语教学框架，使得大学英语教学本身"活"了起来，为课堂注入了全新的生命力。如在前期的资料准备层面，英语教师可以借助网络环境所提供的便捷性，获取大量有关大学英语教学的知识点，丰富传统课堂教学的内容。教学方法应用上，教师可以采取微课、慕课以及自主学习平台建设等多元化的教学方法，打破传统教学手段的制约。在评价的过程中，教师可以与学生开展实时交流并获得反馈，得出科学的评价结果。该模式的创新应用，能够推动教学模式的发展创新，探索和摸索出大学英语教学创新发展新模式。

（二）改变学生学习方式

学生始终是课堂教学的主体所在，学生的学习方式，一定程度上决定着教学效果。高等教育作为人才培养基地，大学英语教学作为二语习得内容，对大学生的综合素质提升具有积极的推动作用。但从大学英语教学的实际情况出发，效果并不乐观。主要是在大学英语课堂之上，教师和学生处于一种不对等的教学环境中，"教"与"学"本身处于一种割裂的状态。可想而知，在这种情况下大学英语的教学效果自然得不到提升。这一切，都需要归类于大学英语教学方式上。因而,"互联网+智慧教学"模式的应用,将一些先进的技术手段应用其中,使得传统的教学方式发生改变,逐渐走向多元化的发展方向,彻底颠覆和推翻了传统方式的限制和框架。这种新型的大学英语教学模式,赋予了师生之间平等的沟通关系,拉近了两者之间的距离,使他们可以开展平等的沟通和对话。"互联网+智慧教学"带来的是一种全新的教学模式,改变了学生大学英语学习方式,为大学英语教学实效的提升奠定了基础。

(三)转变教师教学角色

教师作为课堂的主体,传统的大学英语教学模式,教师只需要按照教学大纲和教学进度要求,循序渐进地开展英语教学即可。参照的教学资源为大学英语教材,采用的教学方法以"理论+实践"为主,教师扮演的角色通常是课堂"主导者"角色,教师凭借自己的主导作用和优势,主宰整个课堂。但这种固定的角色定位,显然已经无法有效满足学生对英语学习的个性化要求。"互联网+智慧教学"模式在大学英语教学中的应用,使得教师教学角色发生改变,从课堂之上的"主导者"转变为课堂"引导者",将更多的课堂时间预留给学生,学生成为课堂的主人,通过自主实践的方式进行英语知识的学习。教学角色的转变,满足现代大学英语教学提出的新要求,也符合学生的个体特征和个性发展。

二、"互联网+智慧教学"视角下大学英语教学创新策略

从"互联网+智慧教学"对大学英语教学的积极影响可以看到,当前大学英语教学拥有着广阔的发展空间,能够充分借助互联网提供的便捷技术条件,达成智慧教学的基本目标和要求,走出一条全新的发展之路。为更好地发挥出"互联网+智慧教学"的应用价值,笔者分别从学习环境、教学模式以及教学评价层面着手探索大学英语教学的创新策略,旨在构建一个完整的大学英语教学创新体系。

(一)创建多元化交互学习环境

多元化交互学习环境的构建,有助于全面促进师生之间的有效互动,打破传统课堂之上师生沟通存在障碍的问题;有助于充分利用互联网带来的便捷特性,构建交互学习环境。

其一,形成基于社交软件的英语学习平台。目前,微信作为一种热门的社交软件,构建微信英语学习平台,所能够展现出的互动性较强,效果也更好。微信英语学习平台主要是借助微信软件的个人客户端以及公众平台,完成有关于大学英语学习资料的上传和资源共享,凭借信息交互的实时性实现有效的沟通。当然,教学还可以建立微信群组,借助信息的传播便捷性,完成英语资源的一对多的传递;也可以将相关的英语课件、教案以及测试题等,生成二维码的方式,学生结合自己的学习需求,自主选择感兴趣的内容。可以说,该平台的形成,既能够满足学生的自主学习需求,也能够体现出师生之间的交互便捷性,为大学英语教学实效提升提供了

保障。

其二，形成移动互联网学习管理平台。通过软件开发的方式，形成移动互联网学习管理平台，在平台之上包括教学管理、自主学习、课程教学、学习评价以及交流反馈等多个模块，借助该平台，提高学生获取知识的便捷性，实现在平台之上的交流，将各个功能的价值充分发挥出来。这样的方式也更便于教师进行综合的管理，形成一体化的教学沟通平台。多元化交互学习环境的营造，对大学英语教学的创新发展具有重要作用。

（二）构建多元化教学模式

构建多元化的教学模式，需要将"互联网+"所带来的各项便捷优势全面地展现出来，探索多元化的教学方法，形成全新的教学模式。目前，借助互联网的便捷特性，可以将微课教学模式和慕课教学模式应用到大学英语教学实践中。

首先，将微课教学模式应用到大学英语教学中。该模式在大学教学模式中的应用，主要是以某一个知识点和教学环节为切入点，制作成微型视频，并将其通过网络传递给学生。微课本身具有短小精悍的特点，微视频的内容简短、精炼、全面，能够全面囊括知识点。但在前期微课制作的过程中，需要教师及时地去获取相应的教学资源，并通过录制的方式完成教学重点的讲解，制作成微视频内容，发挥出微视频的辅助作用，从而使得学生在接收到微视频之后，可以结合自己的实际情况选择性的学习。在这种学习模式下，学生的自主性较强，且能够充分利用碎片化时间完成知识点的学习，以此来全面增强大学英语学习效果。

其次，将慕课教学模式应用到大学英语教学中。该模式是以移动互联网为平台，使得教学活动本身不会受到教室、师资力量、课程安排等多层面的制约，能够实现多资源的全面整合，包括"平台、教师、学生和学习资源"的有效融合。现阶段，慕课教学模式的应用，更需要结合大学英语的教学情况，创新特色的慕课教学模式。如探索"慕课+翻转课堂"的教学模式，既需要依托平台和资源的便捷特性，优化大学英语教学空间，也需要借助翻转课堂，将学生的主观能动性充分地展现，协调好"教"与"学"之间的相互关系，将慕课教学模式的价值充分展现，推动大学英语教学的快速发展。

（三）开展多元化教学评价

教学评价是衡量大学英语教学效果的重要一环，多元化教学评价具有重要作用。大学英语教学多元化教学评价，需要充分利用互联网技术所带来的便捷性，形成智慧型的教学评价模式。如充分利用平台的优势，获得学生的学习情况，包括后台下载量、阅读量等，并在实时交流工具上与学生进行有效互动，通过问答的方式来检验学生的学习效果和学习质量。当然，相比于传统以分数为核心的大学英语教学评价模式，这种评价显然更关注整个学习的过程表现，是一种过程性评价和终结性评价相结合的模式。多元教学评价的应用，对学生更好地掌握大学英语的知识点和教学内容作用显著，应用效果十分明显；也成为教师衡量学生学习情况的重要参考依据，为及时更新教学模式打下了基础。

第二节 智慧教学背景下大学英语教师信息化能力的培养

进入信息化时代，大学教师的角色不再只是传统的知识传递者，而是智慧教学的倡导者和推动者。在智慧教学的理念下，信息化教学能力是大学教师专业发展的核心要素。但大学教师信息化教学能力的发展现状却不容乐观，仍离有效实施智慧教学的目标甚远。我国传统教学理念和教学模式根深蒂固，信息化教学的建设起步较晚，导致我国大学教师信息化教学理念落后、信息化教学手段陈旧、信息化教学知识匮乏，特别是智慧教学的实践机会缺乏，导致教师信息化能力薄弱。

有些教师仍把传统的板书教学贯穿整堂课的教学，还有些教师对智慧教学的理解有所偏颇，只注重多媒体PPT的使用，而忽略了微课教学、翻转课堂等现代信息化教学方式的运用。此外，当代大学教师虽具备良好的专业课及教学法知识，但却对当下流行的微课、慕课等信息化教学知识了解甚微。大学教师信息化能力的核心体现在信息化教学实践。但一方面大学教师在教学中与信息化实践脱节，不重视信息化教学的实施；另一方面，学校的信息化教学设备落后，不能满足智慧教学的需要，导致教师实施智慧教学的机会不足。综上，大学教师信息化教学能力仍与智慧教学所要达到的能力目标有差距。

一、信息化环境下对智慧教学的新理解

智慧是教育永恒的主题，也是现代高等教育的改革方向，人类在社会

发展的过程中逐步加深了对智慧教学的理解。传统意义上的智慧教学意义狭隘、理解尚浅，仅指传授学生系统性的科学知识、促进学生的技能的生成、培育学生的智力及能力。目前，信息化时代的到来，赋予了"智慧教学"新的时代内涵，也就是说教学信息化了。具体是指在教学的各领域，包括在教学资源的开发和利用，教学设计、实施和评价中，全方位、多角度地运用信息技术来推动教育的发展，体现了教育的全球化、网络化、智能化和创新化，真正做到了教育的协作与共享。以建构主义学习理论为指导的智慧教学是针对传统教学提出的一种全新教学方式，依托当代教育信息技术，从信息化教学资源的开发，即微课的录制，到信息化教学资源利用，即学生的自主化网络学习、合作学习、个性化指导，再到信息化立体式教学评价都颠覆了传统的教学方式。祝智庭（2001）提出，作为信息化教学新方向的智慧教学，以信息技术为依托，通过建立具有智慧的（如感知、推理、辅助决策）学习时空与环境，来促进学生智慧的协调和可持续发展。

二、实施智慧教学对大学英语教师的挑战

随着智慧教学的不断推进，大学英语教师的信息化能力受到了新的挑战：①智慧教学强调对课文的灵活处理，所以教师要及时根据学生的认知水平和能力水平对教材进行改编，使教材既能适应学生的认知等诸多方面的要求，又能着眼于学生的最近发展区，调动学生的英语学习兴趣和积极性，充分发挥其潜能。②智慧教学的最大特点就是通过创建网络教学平台，高效管理学生的学习过程。因此，大学英语教师要充分掌握信息技术的应

用能力和教学网站的使用能力，具备课件、微课和课程网站的制作能力，还要精通网络课程发布以及利用云平台进行可视化教学的能力。通过信息技术的运用来辅助教学，使智慧教学在大学英语的教学实践中有效开展。③智慧教学还需要教师掌握评价学生学习过程的方法，即如何创造形成性评价的标准化。通过形成性评价代替终结性评价，在教学过程中对学生学习态度、方法和进步等进行一系列的评价，促进学生的自主学习，培养学生的自我计划、自我监控和自我评估的能力。④智慧教学的最终目的是培养学生自主学习能力和终身学习能力。以这一目标为指导，大学英语教师要积极培养学生自主学习的能力，培训学生有效的学习认知和元认知策略等，真正成为学生自主学习和终身学习的指引者。

三、智慧教学背景下大学英语教师信息化能力的培养途径

在现代教学信息技术迅速发展的背景下，依托智慧教学来推动大学英语教学的发展，推进高等教育的信息化变革已经成为社会发展的必然趋势。由于大学英语教师信息化能力的发展现状还不能满足有效进行智慧教学的要求，以及智慧教学对大学英语教师信息化能力提出的一系列发展要求，教师信息化能力的培养已经成为高等教育改革的一项核心任务。因此必须制定一套相应的方法和体制来提高和促进教师信息化能力，支持教师更有效地完成智慧教学这一重要的教学任务。

（一）营造良好的智慧教学环境

作为承载智慧教学的场所，大学环境深刻影响着教师信息化能力的培

养。充满智慧的信息化教学环境是大学英语教师信息化能力提高的基础和必要条件。因此，大学英语教师要主动革新教育观念，摒弃传统落后的教学理念，树立当代信息化社会所倡导的智慧型教学理念，支持大学英语智慧教学。在智慧教学理念的指导下，大学英语教师要积极运用信息化教学设施来支持智慧教学的开展。学校应积极设置和优化微课教室、高清录播教室、教育大数据中心等数字化实验室，最重要的是要创建校本特色的"智慧教学云平台"，为学生提供在线学习资源，营造良好的信息化教学环境。此外，学校还应支持校园无线全覆盖，使学生在校园中能随时随地利用电脑、手机等设备获取信息教育资源，进行信息教育的广泛式学习。

（二）完善大学英语教师信息化教学能力的培养体系

除了软硬件信息设备的支持，学校还应重视大学英语教师信息化教学能力的培养，建立相应的培养体系，以系统高效地提升大学英语教师的信息化能力。大学英语教师信息化能力培养体系包括定期开展职前和职中的信息化教学培训。二者都是培养教师信息化能力不可或缺的环节，是教师能力发展到不同阶段的阶梯，只有把职前和职中信息化培训结合起来，大学英语教师才能不断更新知识、不断吸收先进文化。信息技术的课程培训是大学英语教师信息化能力提升的关键，无论是新手型、熟手型还是专家型教师，都应参加信息化课程培训。信息化教学能力的培训课程既要结合学校的实际情况，又要适应教师的能力发展情况，使职前和职中信息化教学培训与教师的实际需要结合起来，开展有针对性的培训。培训内容围绕基本信息技术能力培训、信息资源开发和设计、信息化教学的实施、信息化教学评价分层等分段展开。制定和完善大学英语教师信息化能力培养体系，能充分激发教师的信息化教学的教育新理念，使教师深入认识和理解智慧教学的设计理论和实施方法，更积极有效地服务于智慧教学。

（三）在教学实践中提高大学英语教师信息化能力

信息化教学实践是提高大学英语教师信息化能力的核心环节，通过实践教师能在认知上体验智慧教学的各个要素、环节和实施流程。要把信息化教学知识转变成信息化教学能力，实践信息化教学是关键。大学英语教师在接受信息化教学培训、掌握了一定的信息技术专业知识后，要积极主动地将信息化知识应用于教学实践中，只有这样才能促进信息化教学能力的发展。信息化教学实践需要教师把理论和实践结合起来，并依据自身的教学实际，有针对性地提升教师的信息化能力。

信息化教学实践，不是简单的多媒体教学，而是要在实践中有反思，在反思中生智慧，在智慧中促成长，只有这样的信息化教学实践，才能真正促进教师信息化教学智慧的生成和提高，才能真正落实智慧教学的实施。因此，大学英语教师要积极利用微课教学和翻转课堂等信息化教学新方式，在教学实践中实现智慧教学的有效实施和教师信息化能力的不断提升。

（四）在交流协作中推进大学英语教师信息化能力的培养

建设一支具有先进的智慧教学理念、出色的信息化教学能力及丰富的智慧教学经验的智慧教师队伍，对智慧教学的开展和大学英语教师信息化能力的培养有着重要意义。该队伍的组成有在校内引领智慧教学的教授、副教授和优秀讲师，他们鼓励和引导校内大学英语智慧教学的实践，并让教师在智慧教学具体实践的观摩中深化对智慧教学的理解，更直观地学习信息化教学知识；还有从校外聘请的、在智慧教学领域造诣高的专家学者，不定期为校内大学英语教师开展智慧教学和信息化能力培养的讲座和教学沙龙等活动,在教学的交流和对话中碰撞出思想的火花,使教师从中受益。

另外,参加智慧教学竞赛也是提升大学英语教师信息化能力的重要途径之一,学校应鼓励、支持教师在教学之余积极参加教学信息化能力竞赛。教师也应意识到比赛是最好的学习,积极参加信息化教学竞赛,在竞赛中促进资源共享、经验交流、取长补短,有针对性地提高自己的信息化能力,加深对智慧教学理念、内容、模式、实施的认识和理解。

在信息技术高速发展的时代,高等教育要顺应这一时代背景,积极革新,在教学中实施智慧教学,使大学英语教学更具时代化、信息化,实现共享化、高效化,做到高校教学与信息技术深度融合,坚持走"互联网+教育"的道路,提高大学英语教学质量。大学英语教师的信息化能力是高校顺利实施智慧教学的核心要素。因此,大学英语教师要紧跟信息化发展的步伐,树立全新的信息化教学理念,不断提高教学信息化能力,培养出更多的信息时代需要的创新型人才。

第三节 "智慧学习"取向下的大学英语学习环境构建

智慧教育最初是从哲学视角提出的,其出发点和归宿是唤醒、发展人类智慧。网络时代到来,信息与知识的主要承载形式发生变化,互联网不仅成为信息与知识的主要载体,也日益成为教与学发生的主要场所,教育日益信息化。教育信息化是一个开放而复杂的系统工程,既需要以开放的思维把握世界教育信息化的最新潮流与走向,从中吸收和借鉴有益之处,也需要立足我国教育信息化的基本情况,尊重教育信息化的规律,积极探索切实有效的发展之路。在这一背景下,如何以充满智慧的教育培养个性化、特色化的创新型人才,让学生从烦琐而机械的学习任务中解放出来,进而将更多心理资源投入到更有价值、更需智慧的学习任务中,成为教育界关注的焦点,至此"智慧学习"的理念应运而生。"智慧学习"着眼于时代对学习提出的新要求,既关注信息技术在学习中的作用,而又不唯技术、局限于技术,着眼于教与学的方式方法的改革,人的智慧的生成,以及人在创新时代的更好发展。理论研究和实践探索表明,智慧学习是支持和促进人在信息时代个性发展、特色发展、创新发展的学习形态,是促进教育服务于社会发展的学习,是要求人们付出更多智慧并走向更大智慧的学习,代表了人类学习的发展方向。

信息技术给中国的高等教育带来了日益显著的冲击,学习理论研究也呈现出更大的时代性、实践性、创新性,教育研究的焦点也从"以教为中心"逐渐向"以学为中心"转变,从对学生本身的研究转向对学习环境的研究。中国的高校英语教学分为大学英语教学与英语专业教学。相对而言,大学英语教学学时少,显性教学时间短,但是大学英语教学的规模却远远大于专业英语教学,其影响有可能会超过任何一门其他课程。一直以来,我国的大学英语教学都存在诸多问题,社会以及外语学术界对大学英语教学改革的呼声越来越高。我国的本科教育从规模扩张阶段进入注重质量、发展内涵阶段,如何以多种方式满足多样化需求,并应用现代教育技术丰富教学形式、提高教学效果，是亟待解决的问题。大学英语教学的转折时期，"微资源"层出不穷，信息技术时刻影响着教学的各个方面。迈入智慧教育时代，大学英语教育对如何适应不断发展和变革的学习方式、如何利用信息技术优化学习环境，满足学生的个性化、特色化学习需求、如何建构大学英语的智慧学习环境进行思考和定位，势在必行。

一、"智慧学习"与"智慧学习环境"理念的提出与内涵解读

在先进的信息技术的推动下，教育信息化发展到一个新阶段，出现了智慧教育新理念。智慧教育关注我国高校课堂普遍存在的"注入式教学"弊病，倡导信息化技术与教育发展高度融合，代表了未来教育的发展与改革方向。在智慧教育的时代背景下，"智慧学习"应运而生。智慧学习要求不断改善和适应环境，支持、促进人在信息时代的个性化、特色化、全面化、创新化发展，而智慧教育教学环境的不断建设与完善为实现数字化学习向智慧学习的转变提供了更大的可能性。

学习环境相关研究经历了不断扩大和丰富的过程。1979年，美国教育技术专家Knirk.F.G指出，学习环境就是学校与家庭中学生的学习活动所涉及的具体物理场所。建构主义学者们认为学习环境不仅包括教室、投影等物质资源，还包括学习观念、任务情境等软资源，是各种学习资源的组合。自"智慧学习"理念出现，不同学者从各自角度提出了关于智慧学习环境的构想。钟国祥等（2006）提出智能学习环境是以学生学习为中心，由相

匹配的设备、工具、技术、媒体、教材、教师、同学等构成的一个智能性、开放式、集成化的数字虚拟现实学习空间。马来西亚学者Chin（1997）认为智慧学习环境是一个以信息通信技术的应用为基础、以学生为中心的且具备以下特征的环境，即可以适应学生不同的学习风格和学习能力，可以为学生终身学习提供支持，可以为学生的发展提供支持。

纵观以往研究，可以发现，尽管研究者对学习环境的定义侧重点不同，但可以达成共识：学习环境的构建是实现学与教方式变革的基础，学习环境主要由物质条件和非物质条件构成，并随着学习活动的展开产生动态变化。

智慧学习环境主要关注将各种可靠和有用的信息通过信息技术的使用融入学生的学习过程中，为学生提供自适应性的、个性化的学习。智慧学习环境的核心是对信息进行分析，信息成为对学生有价值的东西，能够促进学生学习，也使得学生在学习的过程中发挥智慧，以智慧的方式为学生服务。信息时代，智慧学习环境成为教育信息化对学习环境发展的诉求，也是当前学习与教学方式变革亟须的支撑条件，代表了教育信息化的一个重要发展方向。相比较之下，智慧型的学习环境与传统的、普通的学习环境相比，呈现出以下变化与优势：

（一）技术与教、学高度融合，学习资源多样化

传统学习环境中，尽管信息技术被一定程度地运用于教育教学中，但学习场所固定，学生的学习一般处于教室当中；学习资源单一，以教科书为主；学习工具有限，主要依靠课本、黑板，即使有时使用投影仪等多媒体技术，也仅仅是将学习内容放在屏幕上，以数字化形式呈现，对其他智

能型教学、学习工具的应用有限。场所固定，缺乏灵活性；学习资源单一，缺乏多样性；学习工具使用有限，缺乏有效性，从而制约着学生的学习与发展。

智慧学习环境中，现代信息技术从辅助教学走向引领教学，微资源层出不穷，线上学习与线下学习并存；学校不再是唯一可以学习的地方，校内学习与校外学习并进，学生能够随地随需学习，模糊了正式学习与非正式学习的界限，学习机会无处不在；智慧学习环境的云端软件中储存着丰富的学习资源，以多样化的方式呈现给学生，促进了学生个性化学习。各种学习软件轻便、灵巧，功能强大，为学习与教学提供了便利。

（二）提高学生高阶能力，促进学生智慧发展，教学目标高级化

在普通的、传统的学习环境中，教与学受到课堂时间和学生人数等的限制，教学目标较为单一，即完成教学任务。在单一的、仅以完成教学任务为主要教学目标的学习环境中，学生只能简单地理解课堂内容，记忆知识点。简而言之，传统的学习环境下的教学目标低阶化。

充分的学习机会是实现学习目的的基础。只有在教学过程中，学生课上有机会参与课堂讨论互动，课下有机会进行自主学习，而同时又保证教师有充足的时间和精力通过课上学习与课下学习双渠道甚至多元渠道来了解学生的个体差异，并注重学生在学习过程中的情感心理变化，才能达到智慧学习的目的。

智慧学习环境中，信息化技术与教学可以无缝连接，学生可以根据自身的时间安排进行自学或写作学习，学习自由性更大，灵活性更强；学生

可以使用学习软件等智能学习工具进行多方面的、全方位的学习，获取更丰富的学习资源和更多的互动交流机会，从而进行广度学习和深度学习。教师成为教学的主导者和引领者，可以基于学生的个性特征和当前水平提供学习资源，设计学习活动和任务单，引领学生进行智慧学习，避免烦琐的、无用的信息搜索，使学生有更多时间和精力投入到更具挑战性、更能提高学生学习能力、更能促进学生创新发展的学习任务和团队协作中，促进学生高阶能力和智慧的发展。智慧学习环境倡导提高学生高阶能力，促进学生智慧发展。

（三）关注学生个性化需求，促进学生创新化发展，学习态度主动化

所谓学习态度，是学生在学习过程中所表现出来的一种心理倾向，持续时间长，较为稳定，属于情感因素。具体而言，学习态度的范畴较为广泛，包括学生对待教师的态度、对课堂环境的态度、对课程的态度等。但无论对学习态度如何界定，教育界、外语界可以达成以下共识：学习态度是影响学生学习过程、知识习得的重要因素，也可以反映出现行教育教学所存在的问题。

传统学习环境中，基本上是教师讲、学生听的教学状态，学生被动接受信息，个性学习需求得不到支持，学习态度消极，以至于出现学习倦怠现象，制约着教学活动的开展以及教学效果的实现。智慧学习环境中，终端学习使得学生能够获得有针对性的、个性化的学习支持，学生可以自主、自由地探索学习，学生的主动性得到发挥；教师能够关注并构建学习情境，推测分析学生的学习需求，关注学生学习态度，推送与学生所处环境相关

的学习内容，激发学生学习兴趣；智能化工具可以识别学生特征，连接学习社群，并进行及时反馈，使得学生在学习过程中，可以及时解决问题，持续学习，从而使得学习更加自由，自主性更强，学习状态更为自然，学习态度更加积极，学习效率更加高效。

（四）关注学生学习体验习得，鼓励学生互动与协作，学习方式实践化

交际是说话人明示信息意图和交际意图，听话人获得信息，推理意图的过程。说话人只有将信息和意图传达给听话人，而听话人理解说话人的信息并推理出说话人的意图之后，交际才具有意义。教学也是教师向学生传达信息的过程，是师生之间的信息交际手段。如何将知识信息传达给学生，使得学生习得知识、内化知识，是教学效果实现的本质所在。因此，如何创设某种与课堂内容相适应的情境，让学生来体验，在体验中习得知识，是教师的重要任务。在传统学习环境中，学生将大量的时间和精力花费在听课、看书、做练习这些任务上，仅仅是间接地对知识进行理解和记忆，缺乏现实体验与实践习得，学习效果不明显；学习任务通常个人完成，学生在学习过程中是孤立的，缺少与其他同学互动交流，完整的知识系统难以构建。

智慧学习环境中，学生可以利用智能信息技术工具获得丰富的学习资源，进行真实的学习体验，学习情境更加真实，学生有更强的责任感去完成学习任务，其学习的主体意识得到培养，个人知识得以建构；智慧学习环境下，智能学习工具能够根据学生所处的周围环境进行智能判断，同一地域范围内的学生可以通过学习软件进行相互连接，找到学习的共同体，

增强互动交流，满足学生合作学习、团队协作的需要。

（五）信息技术与课堂教学无缝连接，教学模式灵活化

教育教学改革时期，"微资源"层出不穷，信息技术时刻影响着教育教学的各个方面。传统学习环境中，教学模式单一，教师通常采用讲解为主的传授式教学方式，口头讲授，并辅以多媒体技术以电子形式呈现教学内容；受现实客观因素的限制，"微资源"等新技术的优势得不到有效发挥，没有发挥出信息技术的整合课程优势，也限制了教学设计质量与教学效果的有效提高。

智慧学习环境中，将各种学习资源有效整合，信息技术与课堂教学无缝连接，教学模式灵活多样。教师可以基于计算机多媒体技术、智能学习工具对教学设计进行优化、改进，模拟现实生活中的场景，使得学生获得更好的、真实性更强的学习体验；可以利用各种智能信息技术掌握学生的当前学习水平，通过终端推送丰富的、多样化的学习资源，了解学生个性化特征，提供个性化特色教学；学生作业和试卷能够自动生成、完成批改，减少了教师的工作时间。在智慧学习环境中，灵活多样的教学模式，及时而准确的信息反馈，使得有效教学得以实现。

（六）注重学生个体差异，由总结性评价转为过程性评价，评价方式全面化

在教育教学改革时期，进一步深化考试改革，建立知识教育与考试形式的联动机制，建立多样化考试评价体系，以此推动素质教育的实施，实现学生个性化、特色化、创新化发展，势在必行。传统学习环境中，以期末考试为主的总结式评价方式占主导地位，评价结果滞后，忽视了学生在

学习过程中的努力，忽视了学生的个体化特征，损害了学生的学习积极性，也不利于学生的健康成长。

智慧学习环境中，可以设置过程性评价，借助智能技术和工具记录学生学习过程，对学习过程进行更加有效的监督与指导，推送更具针对性的学习建议，对学生的学习效果进行更加客观、更加全面的评价；借助信息化技术，识别学生认知风格和特征，为学生提供个性化的、适用的评价，提高学生学习的主动性和积极性。

（七）关注各因子之间的平衡，学习环境生态化

20世纪40年代，教育生态学兴起，它是教育学和生态学相互渗透而形成的一门边缘学科，也为解读和分析教育问题开拓了全新的视角。随着社会的发展，以计算机网络为核心的信息技术进入教育教学，各要素发生变化，突出表现在教学信息的传递方式、教学内容与教学活动的结合途径、教学过程与模式设计的统一策略等。计算机网络环境下教育教学发生的变化使原本相对稳定的教育教学系统出现了许多新问题、产生了众多失调现象、打破了传统教育教学的原有生态平衡。如何理顺教育系统和外部环境的关系，合理配置教育资源，优化教育结构，化解教育危机，实现教育良性循环，促进教育生态化发展，成为亟待思考的问题。

在传统学习环境下，教师和学生的主体地位明显失衡，教师掌控课堂，掌握课堂绝大部分话语权，学生被动接受知识。信息技术的引入，各因子之间更加不协调，多媒体技术强行辅助教学，作用难以发挥，学生的课堂生态作用更加薄弱。在智慧学习环境下，教师、学生、智能工具等各个因素得到全面考虑，能够充分发挥各个因素的作用，各因素之间进行良性互

动、和谐发展，智慧的、相对平衡的生态学习系统得以构建。重视工具、设备、软件的作用，将技术与教学深度融合，不断更新学习资源，升级完善学习软件，能够促进人与工具、技术的互动，使人与技术协调发展；注重个体差异，鼓励所有学生积极地投入学习，整合课程资源，学习环境各种要素发挥各自优势，协调发展。

二、大学英语学习环境现状解析

信息化时代，信息技术蓬勃发展，各种"微资源"层出不穷，无论是人们的生活、工作方法，还是思维方式，都发生了显著变化。教与学的方式也受到信息化技术的极大冲击。纵观近十年来的大学英语教学，可以发现，现代信息技术已经与大学英语教学紧密联结，基于计算机多媒体技术的大学英语教学模式改革在全国范围内得到广泛推广，效果显著。然而，在将现代信息技术与大学英语教学融合的过程中，也凸显出很多问题。总体而言，受信息技术的极大冲击，大学英语学习环境生态结构失衡、各主体或生态因子在融合的过程中出现了功能失调现象。

（一）教师因子和学生因子之间结构比例失衡

教师和学生是学习生态环境的重要因子。英语教学是以技能发展和双向交流为主要形式的，这就要求英语班级的人数一定要少。然而，由于扩招，现行的大学英语教学课堂，师生比例一直居高不下。一个班级有100甚至更多的学生，班级规模过大，学生很少有机会进行语言实践与锻炼，教师无法关注到学生的个性化特征，学生课堂上习惯性保持沉默，课堂参与度得不到有效提高，学习态度消极，课堂倦怠现象凸显。

（二）课堂生态主体地位的失衡

课堂生态系统中，各生态因子的作用是同等重要的。各个因素只有相互作用、相互支持，才能达到共同发展、协调发展、平衡发展和可持续发展的目的。然而，在现行的大学英语课堂中，教师成为教学的中心，掌控课堂；教师向学生单向传递知识，而学生只是被动学习，被动接受知识，学习效果得不到有效监督。尽管教师有时候会鼓励学生发挥学习主动性，但受语言能力、知识储备、学习动机等情感因素的印象，他们往往畏首畏尾，甚至放弃。教师掌握绝大部分的话语权，成为课堂的权威，而学生由于主观或客观因素，放弃努力，被动服从，很大程度上丧失了自身的主体地位，课堂生态主体地位明显失衡。

（三）信息技术与教学融合度小，各因子功能失谐

现阶段，信息技术被广泛运用于英语教育教学，其优势日益凸显，信息技术与教育教学深度融合，势在必行。因此，要构建大学英语课堂生态，必须以信息化为语境，遵循教育发展与语言学习的规律，科学合理地对信息技术与英语教学进行整合。但是，现行的大学英语学习环境中，学生人数不断上升，学习需求不断增加，技术硬件和软件远远不能适应日益增加的学生人数；英语教材脱离社会生活，英语学习网络平台建设滞后，各种学习资源无法得到整合；教师无法进行专业发展培训，学生无法习得自主学习能力，完成知识的自我建构。信息技术与教学融合度小，技术与教学之前的矛盾凸显，大学英语生态系统中各因子的功能无法有效协调，生态系统的整体功能也难以发挥。

三、大学英语智慧学习环境构建建议

教育需要创新，英语教育也不例外。大学英语教育教学改革时期，将信息化技术与大学英语教学深度融合，符合英语教育创新发展的要求，也会促进信息技术的进一步健康发展，是信息技术时代发展的产物，也体现了英语教育的时代性和创新性。但是，在当前的大学英语学习环境中，生态发生失衡，学习环境无法给予教与学足够的给养。扩大英语教育与信息技术的融合视野、广度和深度，不断改善优化大学英语学习环境，支持、促进人在信息时代的个性化、特色化、全面化、创新化的发展，构建智慧的、生态化的大学英语学习环境，势在必行。笔者从教学管理者、教师、学生的视角对基于信息化技术构建大学英语智慧学习环境提出了以下建议。

（一）教学管理者高瞻远瞩，建设服务型智慧校园

教学管理者秉承国际视野，高瞻远瞩，遵循高等教育信息化的规律，加大资金投入，建立无缝连接的网络支持系统，扩大大学英语影响力。将信息技术与大学英语教学深度融合，确保信息实时传送，让所有用户能够及时联通、协作、工作和学习；引入智能学习工具，学习环境从"封闭"走向"开放"，课上与课下相结合，线上与线下相补充，真实情境与虚拟情境相重叠，达到有效学习的目的。

（二）教师创新教学模式，发挥主导作用，引导智慧教学

在大学英语智慧学习环境中，教师依然是课堂教学的主导者。教师努力与学生达成共同的信念和共同的目标：智慧教学，有效学习，内化知识，达到个性化、特色化、创新化的发展；将先进的智能技术、工具与自己的

专业知识深度融合，优化教学设计，创新教学模式，努力促使学生形成积极的学习氛围，良好的学习态度，提高教学效果，提高学生独立思考、团结协作、自主学习的能力，实现学生创新性发展；注重个体差异，维护学习共同体中所有成员的权利，并监督各成员履行义务，让学生在学习过程中，可以分享信息与经验、发表意见、表达思想、提出创意、整合资源等，在提高学生个体能力的同时，也促进学习共同体的发展。

（三）学生充分利用智能工具，发挥主体作用，进行智慧学习

在智慧学习环境中，学生的周围围绕着各种智能技术、智能学习工具，智能手机或平板电脑几乎成为学生学习的必备工具。因此，在大学英语学习过程中，学生要努力将信息技术、智能工具变为智慧学习的工具，发挥智能工具的优势，提高学习资源利用率；进行主动学习，根据自身需求与兴趣，选择学习资源，连接同伴和学习社群，参与交流互动，获得教师指导和反馈意见，全方面促进智慧学习；在实践中学习，获得真实感更强的学习体验，验证假设或猜想，运用知识；团结协作，提高自己的课堂参与度，获得知识，提高适应群体、社会的能力。

教育信息化正由初步应用融合阶段向全面融合创新阶段过渡，智慧教育是教育信息化发展的必然阶段，代表了未来教育的发展与改革方向。"智慧学习"是一种以学生为中心的新型学习模式，要求学生不断改善优化和适应环境，支持、促进人在信息时代的个性化、特色化、全面化、创新化的发展，代表了人类学习的方向。在此背景下，扩大英语教育与信息技术的融合视野、广度和深度，不断改善优化大学英语学习环境，构建智慧的、生态化的大学英语学习环境，促进学生个性化、特色化、创新化、持续化

的发展，势在必行。教学管理者要高瞻远瞩，建立服务型智慧校园，为大学英语教与学提供技术支撑；教师要创新教学模式，发挥主导作用，引导智慧教学；学生要充分利用智能工具，发挥主体作用，进行智慧学习。只有这样，才能构建生态化、创新化的大学英语学习环境，创新大学英语教学改革，扩大大学英语影响力，实现大学英语的可持续发展。

第四节 构建核心素养视角下的大学英语智慧教育

在大学英语的教学过程中，如何更好地运用信息技术优化英语课堂，促进教学的创新与发展，促进学生英语综合运用能力的提升，培养学生核心素养，是当前大学英语智慧教育过程中的热点问题。

一、运用先进的信息技术创设英语情境，凸显学生的英语学习成效

大学生学习英语的最终目的就是能够自由自在地进行交际，传统课堂只呈现单纯的文字和声音，没有真实的场景，这样的课堂对今天的大学生来说太过枯燥无味。而直观形象的多媒体教学形式更能激发学生的热情，调动学生的积极性。我们通过智慧教育形式，给学生提供了真实的语言环境。例如，在学习中西文化对比上，可以利用智慧教育模式，将课堂教学与信息技术深度整合，为教师提供更为广阔的平台。当今时代是一个网络

化、信息化的时代，网络平台为大学英语教学提供了丰富的教学资源，教师可以取其精华，有选择地加工和利用这些资源，融合为自己的东西，并加以传承下去。

二、运用多元化和多维度的信息技术激发兴趣，确保学生轻松学习

（一）多层次信息技术平台可以提供丰富的学习资源

多层次的信息技术应用于大学英语教学过程中，能够激发学生的兴趣，使学生积极地参与其中，能使学生真正动起来，产生一种积极的心理体验，体现学生的主体地位。只要学生有了浓厚的学习兴趣，就会对学习充满热情，就会积极主动地去探索、去认知。多层次的图片、文字、声音、视频能调动学生多样感官参与教学过程，提高学习效率。声音、图文并茂等因素充分调动了学生的视觉、听觉等能力来感知新学内容，使学生有图可循，有景可入，加深理解，以求收到较好的教学效果。在教学的过程中，学生在听、说、玩的过程中无意识、潜移默化地掌握了知识，培养了听、说、读的技能，学生的自信心也会增强。

（二）巧用信息技术创设"视、听、说"练习新组合，强化师生互动

通过智慧教育技术创新英语教学中的师生互动，利用声音、视频等巧妙创设"视、听、说"练习新组合，学生有了身临其境的真实感觉，提高了口语能力，增强了大学生的学习兴趣。通过"视、听、说"新组合，不

但可以有效提高学生的英语听力水平、口语水平和会话能力，而且还可以增强学生的英语语感意识。学生通过"视、听、说"组合可以充分调动各种感官，开动脑筋、积极参与，大大激发了学生学习的积极性，有利于活跃英语课堂的气氛，提高了学习效率。

三、核心素养视角下的大学英语智慧教育模式

（一）微课教学突出时短效高优势，提高学生感知与思考积极性

所谓的微课是指按照课程标准的要求，以视频为主要体裁，记录教师在课堂内外教育教学活动的特殊过程，它区别于传统的课堂教学，最大的特点就是把教学内容借助媒体的形式向学生展现。信息时代运用信息技术，所以微课教学对大学英语教学来说是很重要的一种教学方式。微课教学应该注意以下几点：一是合适的教学时间。微课课程内容不宜多，时间也不要长，结合大学生的身心发展特点控制在 3~5 分钟为宜；二是要凸显某一个点的教学内容，微课内容的重点不在求"量"，而应该重"质"；三是微课程设计要精美，制作要简便，能吸引大学生为宜。

（二）微语音互动提供师生对话途径，随时随地实现交流互动

大学英语教师应该重视课程资源的开发与建设，创设符合各年龄段学生兴趣的英语学习情境，增强学生在课后乃至各种场合说英语的意识。微语音互动就是利用QQ语音、微信语音，在课外，学生随时与英语教师进行关于英语学科语言、口语、会话交流的一种方式，这是当前最为直接、简便的师生交流互动的方式。微语音互动的关键是学生的热爱（师生对话，

随时随地)。信息技术下的师生互动是建立在教师利用自己的时间,对学生的听说读写进行授业解惑的一种形式,在课外,学生随时与英语教师用英语对话,教师从词汇、语法、口语等多维角度,对学生做出纠正,学生身临其境的真实感觉,提高了大学生的口语能力,增强了大学生的学习兴趣。

综上所述,教师应当运用智慧教育技术整合给大学英语教学带来的变革,不断更新教学观念,而学生则需要培养自主学习能力、协作学习能力、表达能力、交际能力,让我们不断努力、不断探索,让信息技术下多元、多维、多层次的大学英语创新教学进一步发展,形成"新课、新法、新思路"。

第七章 全媒体时代大学英语智慧教学的具体应用

第一节 全媒体时代英语新闻标题主位结构翻译

研究英语新闻的语言特点有助于顺应世界的发展趋势,提高各媒体新闻产业的翻译研究和实践水平。通过对英语新闻标题主位结构翻译的研究,不仅可以恰当地理解新闻标题,还可以通过新闻标题欣赏全文内容,正确理解英语新闻标题的词汇、语法和修辞等特征,可以使读者更好地看待世界。

一、新闻标题与主位结构研究

(一)英文新闻标题

国内对新闻标题的研究始于 20 世纪 80 年代,当时学者们对英文标题做了初步研究。国内学者朱文君认为,英语的标题是新闻英语的一个组成部分,但在文字、句子和许多其他方面,英文标题具有独特的风格。国外对新闻标题的研究开始较早，如乔治·马顿（George Mauton），他认为标题具有推广文章、概括内容、美化布局等功能，而克瑞斯（Christie）认为标题必须简明扼要且有趣。

（二）新闻主位结构研究

国内学者邓琼认为，编辑一般会在新闻报道中引入最主要的核心词汇，以便读者了解新闻。张淼从英语新闻的角度出发，揭示了英语新闻标题主位结构的内在本质。

国外对主位结构的研究具有系统性和深入性。布拉格语言学家创始人马泰修斯（Mathesius）于1939年首次提出了主位结构的概念。韩礼德（Halliday）于1994年从功能的角度进一步将主位结构分为单项主位、复项主位和句项主位。

二、英语新闻标题主位结构翻译研究

根据韩礼德的理论，英语新闻标题可以从主位结构的角度分为单项主位标题、复项主位标题和句项主位标题。

（一）单项主位标题的翻译

如果主位标题是一个独立的部分，不能分成较小的功能单元，那么它就被称为单项主位标题。主位的主要形式包括名词短语、副词短语或介词短语。

(1) North Korea | Warned.

朝鲜受到警告。

（2）Bank in Pledgeuty ‖ to Protect Pensions.

译文：银行抵押保护养老金

根据主位结构的语义划分理论和词汇划分理论，符号‖前面部分构成了新闻标题的主要部分，译者在翻译时也显示了这个单项主位结构在主题和整个句子中的重要作用。

（二）复项主位标题的翻译

复项主位标题是指英语新闻标题的构成包含多个主要构成的主题，包括语篇构成和人物构成。在新闻标题中，语篇成分不会被视为主要成分，而相反的经验成分不能被忽略，这是主题的核心。

（1）Bad Outcome, Maybe, but Metsited Are Feeling Good.

译文：结果可能不尽如人意，但Metsited感觉很好。

（2）Oh, boy ‖ the teenage party of a lifetime.

译文：嗨！青少年一生中都有一个独特的派对。

这两句话基本概括了新闻复合主位标题的基本特征和最大的特征，标题中包含更多的经验成分。第二个例子中表明主题提示通过连续的主位结构将一个共同的术语转化为关注的对象才能够起到标题吸引眼球的作用。

（三）句项主位标题的翻译

句项主位标题由一个子句组成，该子句引用传统子句中的子句或动词的非谓语形式。

（1）Your music shaped my life, ‖ Bashir told Jackson.

译文：你的音乐铸就了我的生活，巴希尔告诉杰克逊。

(2) If Bush beats the blather, his placemen win.

译文：如果布什仍然胡说八道，他的竞争对手将获胜。

在上面的例子中，句子作为新闻标题的主题。这些句子作为一个整体的语义单位，在一定程度上强调翻译的作用，句项主位结构也对强调主题起到了重要作用。

三、英语新闻标题主位结构翻译策略

（一）主位翻译用词特点

在报纸和杂志上，布局空间非常有限，编辑应尽量保持有效的信息，这就对英语新闻标题提出了很高的要求。标题的主要内容不仅要有大量信息的强大意义，而且还要具有广泛的语法兼容性。省略英文新闻标题中的一些内容也经常出现，这通常用于新闻标题中省略翻译用法。

例如，标题 Equal Stress 使用省略的用法翻译主位结构，其完整的陈述应该是"Is this equal stress?"。标题中还会出现一些常见的缩略词作为主位结构，如 ISDN（综合业务数字网）；PC（个人电脑）；memo（备忘录）；AIDS（获得性免疫缺陷综合征）；mod（现代）；lab（实验室）；lib（自由党）；nukes（核爆炸物）；heliport（直升机场）；NATO（北大西洋公约组织）；SALT（战略武器限制谈判）等内容。

（二）主位结构中俚语、新词的翻译

由于新闻的生命力来自新时期，报道的标题和内容必须包含所有新事物。在英文标题中，特别是在当地新闻头条中，编辑经常使用俚语作为主要词汇来营造亲切、幽默的氛围。如何翻译英文标题主位结构中的时髦词

汇和俚语，使其达到翻译标准，需要通过实例研究翻译策略。

（1）Economy Grows Slowly As Unemployment, Inflation Rise-Economists.

译文：随着失业率和通货膨胀的上升，经济学家们说经济增长缓慢。

（2）Malaria Still Menaces Quarter Of Humanity-French Professor.

译文：一位法国教授说，疟疾仍然威胁到人类的四分之一。

由于新闻标题的丰富性以及英语新闻标题的主位结构的多样性和复杂性，正确翻译英语新闻标题的主位结构对于更好地理解英语新闻有重要的作用。通过功能语法理论对英语新闻标题主位结构的研究，在英语新闻标题翻译时注意主位结构的翻译规律及措辞，有助于译者更好地理解及表达，更能言简意赅、一语中的地表达新闻内容的精髓。

第二节　基于全媒体实践的新闻专业双语课程体系

近年来，"全媒体"逐渐在传媒业界成为一种趋势，同时对新闻从业人员的素质要求也随着这一概念的普及而提高。全媒体的提出和普及，改变了传统媒体采写编评的固定模式和媒介生态。传统的传媒从业者在纷纷寻求转型发展的同时，新闻教育领域也在发生变化。培养全媒体新闻人才已然成为高校新闻专业的培养目标之一。

与此同时，随着全球化进程的加快，开放的步伐在加快，对外交流的机会也在增多。信息在世界范围内的传播成为当今社会的主流。精通英语的新闻从业人员在新媒体的时代浪潮中仍占据重要的地位。传媒业界需要具备全球视野、实现跨文化国际传播、有良好的英语新闻采写与编排技能和职业素养、熟悉中外社会文化与习俗的复合型人才。新闻领域的实践与理论也需要和国际接轨，有条件的高校可以开设国际新闻等专业满足对外传播的需求，普通院校的新闻专业可以开设新闻双语课程，以提高新闻传播专业学生的整体素质。

因此，要培养具有竞争力的新闻人才，全媒体实践和英语新闻技能是其中颇为关键的两个方向。基于此，结合高校培养新闻人才的现状，探索基于全媒体实践的新闻专业双语课程体系具有极强的现实意义。而其中的关键在于打破原有的专业壁垒，构建"全媒体实践+英语"的课程体系。

一、新闻专业高校全媒体实践课程体系构建

美国密苏里新闻学院主张"学习新闻最佳的方式是实践"。而在当今新媒体崛起和媒介融合的环境下，全媒体实践会成为一种必然。目前，许多应用型的院校对全媒体实践的研究较多，比如上海电影艺术职业学院新闻专业，建构了以采写编拍摄录为核心技能的全媒体课程体系，取得了一定的成效。也有一些院校提出重人文教育，不能为了迎合市场，一味地增加实践课程，而忽略新闻教育培养综合素质人才的本质。笔者认为，不管重理论还是重实践，重要的是兼具理论修养和实践动手能力的培养，在于合理的课程设置比例。

（一）开设全媒体实践课程，把理论课程和主干课程中的实践部分纳入其中

目前，许多院校新闻专业的理论课程和主干课程的实践部分形同虚设。虽然学界已经意识到实践的重要性，在许多的教学改革中，把实践学分引入理论课程当中。然而，在具体实施过程中，实践往往演变成一次小作业，没有明确的实践目的，学生也难以在课堂上掌握新闻专业所需的技能。因此，理论课程中的实践部分可以单独设置教学大纲和计划，每门课程的实践纳入整体综合实践课程的培养计划，分阶段、分技能逐步完成。比如，新闻学理论是低年级开设的课程，其中的实践环节以学生认识和寻找新闻为主，可作为综合实践课程中的第一个阶段，即发现新闻。在学生进入二三年级时，开设系统的全媒体综合实践课程，贯穿两个学年。

（二）搭建和整合校内外全媒体实践平台

注重实践技能的院校，有时容易忽视综合能力的培养，缺乏整合技能的平台。比如，大多数院校都开设了新闻摄影摄像、音视频剪辑、新闻采写等技能型的课程，但是每门课程都是独立运作，难以检验学生的综合实践能力。

通常，院校常规的做法是通过校内实践平台的搭建，实现学生综合实践能力的培养，比如校园电视台、校园广播、校园刊物等。其中，有校园的官方媒体平台，也有新闻专业学生自主创办的媒体园地。

目前，互联网的媒体平台大都向个人和民间团体开放。于是新闻实践就有了互联网平台的支持。比如，基本的采写编评的实践可以以微信公众号的运营为主，辅以网站内容采写编辑；而音视频的实践可以在优酷上创

建校园视频节目，定期选题拍摄，制作好后上传到平台上。有条件的院校可以与当地媒体合作，共同建设新媒体平台。

（三）打破专业壁垒，跨学科课程融合

目前高校虽然越来越重视"双师"型教师，但此类既能传授理论又能指导实践的教师毕竟是少数。学生实践落到实处，且能产出优秀的实践作品，需要在业界有丰富经验或有相当技能的指导教师。笔者认为，从业界聘请指导教师是其中一种途径，另一种途径就是开设与新闻相关的专业，比如数字媒体艺术、广告学、广播电视学等专业，打破专业之间的壁垒，实现教师资源和课程资源的共享。

（四）设置"新闻奖"，搭建新闻专业综合实践成果汇报平台

全媒体实践课程包含平面媒体、广电媒体、网络媒体和新媒体内容的创作和对外传播，要求学生掌握多项实践技能，包括新闻采写、编辑排版、摄影摄像、后期剪辑等。新闻专业的学生会积累大量相关作品。每一届"新闻奖"的举办，一是为新闻专业学生提供一个展示作品的平台，二是鼓励新闻学学子继续努力，提升专业技能。通过这样的活动，新闻专业能培养学生多方面的实践才能，为社会输送更多综合实力较强的人才。

二、新闻专业双语课程体系构建

我国早在 1978 年就开始探索新闻专业教育双语课程体系，如今设立新闻专业的院校在逐渐走向成熟的过程中也引入了双语课程体系的概念。双语教学成为高校教学改革和学校办学质量的重要指标，也成为具备国际视野的本科院校向前发展的目标之一。

（一）基础英语课程与专业课程相衔接，培养专门的新闻专业英语教师

目前我国高校主要是按专业分班，入校时也是根据高考综合成绩来评定。学生的英语水平本身就是参差不齐的，进行双语教学，容易造成英语好的学生"吃不饱"，英语差的学生则"吃不下"。因此，在新闻专业的课程体系中，要把基础英语课程与专业双语课程进行衔接，实现系统英语和专业教育的并行发展。比如，"大学英语""英语新闻视听说""新闻专业英语""英语翻译"等课程收录了大量与英语新闻相关的文章。课程相互间有一定的承接关系，以便使学生在系统掌握英语技能的同时，习惯新闻双语教学。

同时，有条件的院校，在学生入校后可进行一次英语水平测试，根据成绩分班授课，以实现因材施教。双语授课期间，教师可采用多阶段过渡式教学法，即初期教学时，英语讲解以介绍概念、理论、人物等为主，课程中的案例、故事等辅以中文讲述。随后逐步增加英语比例，后期中文只做概念强调，重难点解释。

另外，一般院校新闻专业的教师虽然英语都经过了考级，但双语教学的资质并不是所有教师都能满足条件的。一些高校在确定双语教学的定位后，招聘教师时要求具有留学或英语语言背景，但趋于教师群体饱和的高校就很难做到。笔者认为，与其引进有英语语言功底的专业教师，不如统筹全校的基础英语教师，纳入双语教学体系。从事基础英语教学的英语教师可以根据学院专业进行转型，比如可以选择专门教授新闻专业的英语课程。这一部分教师可以参加新闻专业教师培训，或参加其他学院或市级、

省级项目,以达到转型的目的。

(二)专业主干课程中的双语课程分布

新闻专业双语主干课程的设定目前在许多院校未有定论。有的高校对一些基础类课程,如新闻理论等,展开双语教学;也有一些高校选定专业技能课程;更有一些高校为了开展双语教学而结合教师情况特别开设了专门的课程。新闻传播类的专业课程中,除了英语报刊选读、英语新闻采访与写作、经典英语新闻赏析等具有明显双语特点的课程外,其他专业课程,如经典新闻和传播理论、外国新闻史、新闻编译等应成为主干双语课程。

(三)全媒体实践课程中的双语课程分布

有学者认为,基础专业课和专业技能课不应该进行双语教学,因为学习效果会影响整体学科素质。但是笔者认为,恰恰是这样的课程更能实现和国际新闻界的对接,且比起英语特色更浓的课程,其学习难度要小,学生更容易适应。尤其是专业技能课程,比如网络编辑、摄影摄像、音视频剪辑,以及专业综合实践课程。基于此,双语课程体系才能有构建的基础,如果仅仅只是选几门课程设定成双语教学,形式未免单一,整体的双语氛围也很难实现。

(四)侧重英语语言和文化的方向性课程

新闻专业双语教学开展的近二十年中,老牌的新闻院校经验相对丰富,课程体系也相对完善。但是普通院校的新闻专业新增双语课程大都较分散,难以形成完整的体系,增强学生学习兴趣的方向性课程设置较少。笔者认为,诸如出镜记者采编与主持、英语新闻口语播报、西方新媒体研究、西方国家文化等课程的设置,有利于学生拓展英语语言和专业能力,双语体系中这一类型的课程不可或缺。

在这个课程体系框架中，主干课程为建设主体，重点在于课程与课程之间的衔接和统筹。不管是全媒体实践课程体系还是双语课程体系，语言类课程和实践类课程都应贯穿始终。

同时，要把新闻专业"全媒体实践+英语"的双线条课程体系建设成功，需要合理搭配专业师资和英语教学师资，复合型的教师队伍建设也应包含在专业建设之中。在课程实施过程的协调与管理中，不同类型、不同特色发展的学校还需进行细节上的制定与管控，尤其是模块教学的成果管理。课程体系实施以后，要及时做好反馈与调整，以保障双线条复合式课程体系实现最佳效果。

参考文献

[1]Cetra Fernando.习语与习语特征[M].上海：上海外语教育出版社,2000.

[2]蔡宝来,张诗雅,杨伊.MOOC与翻转课堂:概念、基本特征及设计策略[J].教育研究,2015,36(11):82-90.

[3]陈坚林.计算机网络与外语教学整合研究[D].上海：上海外国语大学,2010.

[4]陈坚林.现代英语教学:组织与管理[M].上海：上海外语教育出版社,2000.

[5]陈俊森,樊葳葳,钟华.跨文化交际语外语教育[M].武汉：华中科技大学出版社,2006.

[6]戴炜栋,何兆熊.新编简明英语语言学教程[M].上海：上海外语教育出版社,2010.

[7]邓炎昌,刘润清.语言与文化[M].北京：外语教学与研究出版社,1999.

[8]邓炎昌,刘润清.语言与文化[M].北京：外语教学与研究出版社,2010.

[9]杜开群.关于高校英语语言学教学问题及对策分析[J].山东农业工程学院学报,2017,34(02):5-6.

[10]杜学增.中英文化习俗比较[M].北京：外语教学与研究出版社,1999.

[11]高等学校外语专业教学指导委员会英语组.高等学校英语专业英语教学大纲[M].上海：上海外语教育出版社,2000.

[12]桂诗春.应用语言学[M].长沙：湖南教育出版社,1988.

[13]哈格德.MOOC正在成熟[J].王保华,何欣蕾,译.教育研究,2014,35(5):92-99,112.

[14]胡壮麟.语言学教程[M].北京：北京大学出版社、2002.

[15]黄琼慧.商务英语语言学的理论体系研究[J].开封教育学院学报,2016,36(02):68-69.

[16]姜朝妍,沈江.航海英语听力与会话[M].大连：大连海事大学出版社,2016.

[17]教育部高等教育司.大学英语课程教学要求[M].北京：清华大学出版社,2007.

[18]匡芳涛.英语专业词汇教学研究[D].西南大学,2010.

[19]刘小琴.应用型本科高校"英语语言学"教学存在的问题与对策[J].英语教师,2018,18(07):56-58.

[20]刘长江.信息化语境下大学英语课堂生态的失衡与重构[D].上海：上海外国语大学,2013.

[21]骆世平.英语习语研究[M].上海：上海外语教育出版社,2007.

[22]平洪,张国扬.英语习语与英美文化[M].北京：外语教学与研究出版社,2000.

[23]平君.基于应用语言学的大学英语教学模式改革研究[J].吉林省教育学院学报,2018,34(08):75-77.

[24]沈江,丁自华,姜朝妍.航海英语[M].大连：大连海事大学出版社,2012.

[25]沈江.航海英语[M].大连：大连海事大学出版社,2013.

[26]王守仁,何锋.牛津高中英语(模块六)[M].南京：译林出版社,2010.

[27]王坦.合作学习的理论与实施[M].北京：中国人事出版社,2002.

[28]王佐良.翻译:思考与试笔[M].北京：外语教学与研究出版社,1989.

[29]翁凤翔.商务英语学科理论体系架构思考[J].中国外语,2009,6(04):12-17.

[30]吴春梅.试析互动模式在高中英语教学中的应用[J].中学课程辅导(教学研究),2013,7(26):97.

[31]吴鼎福,诸文蔚.教育生态学(新世纪版)[M].南京：江苏教育出版社,2000.

[32]吴为善,严慧仙.跨文化交际概论[M].北京：商务印书馆,2008.

[33]徐国庆.职业教育项目课程设计指南[M].上海：华东师范大学出版社,2013.

[34]许朝阳. 系统功能语言学框架下的大学英语阅读教学研究[D].河北大学,2010.

[35]杨雪.浅谈英语教学中应用语言学的有效应用[J].教育现代化,2018,5(11):185-186.

[36]姚丽,姚烨.英汉文化差异下的英语教学探究[M].北京：中国书籍出版社,2014.

[37]张红玲.跨文化外语教学[M].上海：上海外语教育出版社,2007.

[38]张丽莹,于江.论《他们眼望上苍》中赫斯顿的"协合"[J].湖南医科大学学报（社会科学版),2008,10(6):141-144.

[39]张清东. 系统功能语言学的语境理论在大学英语教学中的应用[D].吉林大学,2007.

[40]郑雨.高校英语教学中模糊语言学的语用意义分析[J].西部素质教育,2015,1（06):46.

[41]中国海事服务中心.航海英语[M].北京：人民交通出版社,2011.

[42]左滢.ACTIVE 教学模式在高中英语读写结合课中的实践研究:以 Schoollife 教学为例[J].英语教师,2017,17(04):141-143.